INDICS 工业互联网平台系列培训教程

数据淘金应用教程

向迎春 编著

陈瑶 黄梅 王开业 等 参编

科 学 出 版 社

北 京

内 容 简 介

数据淘金是 INDICS 平台“一脑一舱两室两站一淘金”系统级工业应用系统之一，主要利用数据分析、数据挖掘等相关技术，通过对企业生产经营产生的相关内外部数据进行分析，发现企业数据价值，为企业赋能。

本书介绍工业互联网的进化历程和 INDICS 工业互联网平台的架构及功能，描述数据淘金涉及的技术框架、业务模型、目标用户、产品定位和功能，并循序渐进地介绍数据淘金的应用方法。

本书主要面向工业互联网的生产制造企业、生态建设者和工业应用系统开发者，以及对专业系统设计具有认知需求的数据淘金用户、第三方合作伙伴。本书可以使工业企业用户了解数据淘金产品的设计理念以及产品功能，推动 INDICS 平台工业互联网生态建设。

图书在版编目（CIP）数据

数据淘金应用教程 / 向迎春编著. —北京：科学出版社，2020.10
（INDICS 工业互联网平台系列培训教程）
ISBN 978-7-03-064254-7

Ⅰ. ①数…　Ⅱ. ①向…　Ⅲ. ①互联网络－应用－制造工业－应用软件－技术培训－教材　Ⅳ. ①F407.4-39

中国版本图书馆 CIP 数据核字（2020）第 017835 号

责任编辑：刘　博　霍明亮 / 责任校对：张小霞
责任印制：张　伟 / 封面设计：迷底书装

科学出版社出版
北京东黄城根北街 16 号
邮政编码：100717
http://www.sciencep.com
北京凌奇印刷有限责任公司印刷
科学出版社发行　各地新华书店经销
*
2020 年 10 月第　一　版　开本：720×1000 1/16
2020 年 12 月第二次印刷　印张：8 1/2
字数：200 000

定价：58.00 元

（如有印装质量问题，我社负责调换）

赋能工业企业　智享云端资源

——“INDICS 工业互联网平台系列培训教程”序

习近平总书记在党的十九大报告中指出，要“加快建设制造强国，加快发展先进制造业，推动互联网、大数据、人工智能和实体经济深度融合。”[①]

2019 年的政府工作报告中明确提出，要“打造工业互联网平台，拓展‘智能+’，为制造业转型升级赋能”。

工业互联网理念于 2012 年由美国 GE 公司提出后，其内涵持续不断发展，目前我们对其解读为：基于泛在互联网，借助制造科学技术、人工智能技术、信息通信科学技术及制造应用领域专业技术 4 类技术深度融合，将制造全系统及其全生命周期活动中的人、产品、资源、数据、能力、智能认知/分析/决策/执行系统等智能地连接在一起，构成人、信息空间与物理空间集成、融合的智能互联制造系统，促进制造全生命周期活动中制造模式、手段、业态的创新，从而大大提高制造业的创新制造能力和服务能力，进而实现制造业的再革命。

近年来的实践表明，工业互联网作为新一代互联网、大数据、人工智能技术与制造业深度融合的产物，已日益成为新工业革命的关键支撑，对未来工业发展正产生着全方位、深层次、革命性影响。当前，工业互联网的实践正从其局部突破的初级阶段发展到垂直深耕、跨行业、跨领域体系/全局实践的阶段，随着发展日益深化，工业互联网赋能工业未来的蓝图正在徐徐展开。

2015 年以来，中国航天科工集团航天云网公司积极响应国家制造强国发展战略，并结合航天科工集团数字化转型升级发展的内生需求，整合了航天科工集团在智能制造与仿真、网络安全与自主可控、军民产业链融通等方面的优势，基于先进云制造理论与技术体系，打造了世界首批、我国首个工业互联网平台——INDICS (industrial internet cloud space) 平台，并坚持以“信息互通、资源共享、能力协同、开放合作、互利共赢”为核心发展理念，按照“重战略、双驱动，重研发、强核心，重特色、创口碑，重扎根、接地气，重协同、不烧钱”的总体原则，致力于在工业互联网领域为客户提供有竞争力的、安全可信赖的产品、解决方案与服务，先后面向全球发布了实现工业互联网的 INDICS 平台及云制造支持系统 (cloud manufacturing support system，CMSS)——“一脑一舱两室两站一淘金”（企业大脑、

① 《人民日报》，2017 年 10 月 19 日。

企业驾驶舱、云端业务工作室、云端应用工作室、企业上云服务站、中小企业服务站、数据淘金）系统级工业应用产品，进而构建了可支持跨行业、跨领域，可连接制造企业全要素、全价值链和全产业链，具有智能协同云制造新模式、新手段和新业态的工业互联网系统——“航天云网”，创新地实践了中国特色工业互联网道路，为我国制造强国发展战略目标的实施做出了积极的贡献。值得指出的是，基于持续发展的 INDICS 平台和首创的“一脑一舱两室两站一淘金”系统级工业应用软件，正在为全球工业企业提供云端/边缘层的产品、能力、资源服务，进而实现智能化制造、网络化/云化协同制造、个性化/柔性化制造。

“企业大脑”可解决企业决策层关注的核心问题，为企业决策层制定战略、科学决策提供重要数据支撑，提高决策效率。“企业驾驶舱”可为企业经营层提供大数据可视化服务，并可实时提取生产、销售、产品、运营等环节数据，及时掌握管理动态，打造数据驱动型企业。“云端业务工作室”面向工业企业从业者，提供以交易为核心的一站式全流程业务服务；通过与企业自有信息系统的数据互通，实现客户到供应商业务流程的集成贯通。“云端应用工作室”通过设计研发、生产制造和运营管理的有效集成，最终形成跨单位、跨专业的数字化协同设计、协同试验和协同制造能力。“企业上云服务站”可为企业上云提供引导和路径，帮助企业设备、产线及业务快速上云，实现生产管理数据与业务数据的采集和应用，实现网络化协同制造。“中小企业服务站”汇聚线上线下优质资源，提供一站式企业服务，降低企业运营成本，激活创新潜力。“数据淘金”可为用户提供基于特定场景下的知识服务，通过人机交互，快速获取工业知识，唤醒“休眠”数据，形成知识图谱，实现数据价值最大化。

目前，“一脑一舱两室两站一淘金”系统级工业应用已经覆盖航空航天、电子信息、通用设备等十余个行业，在全国不同区域、不同企业间成功部署。

该系列培训教程对 INDICS 平台和企业大脑、企业驾驶舱、云端业务工作室、云端应用工作室、企业上云服务站、中小企业服务站、数据淘金等进行系统阐述，并对其相关工具进行介绍，具有良好的可操作性，可指导具体工作的开展。同时，培训教程中还包含广义的 INDICS 平台应用、APP 应用及开发环境介绍等内容，使读者快速入门，快速掌握工业互联网平台理论以及实践方法。

不忘初心，方得始终。期望中国航天科工集团航天云网公司将持续为研发中国工业互联网发展模式与技术手段开展创造性实践，始终聚焦客户需求，扎根企业应用，持续深化工业互联网生态体系建设，持续完善国家级工业互联网主平台，推动工业互联网建设“破壳羽化”，为中国制造业转型升级贡献“中国方案”。

李伯虎

2020 年 3 月 16 日

前　言

《数据淘金应用教程》主要用来展示数据淘金项目系统的详细设计，并展示详细设计中出现的统一参照标准，其中包括系统的内外部接口、系统架构、编程模型以及其他各种主要问题的解决方案。数据淘金作为 INDICS 工业互联网平台上主要用于数据分析、数据挖掘的产品，利用人工智能和大数据等相关领域的技术对企业经营过程中产生的数据进行分析、挖掘，实现数据价值，用数据助力企业前行。

本书主要描述的是数据淘金项目的系统设计、架构设计，其中包括定义系统的内外部接口、相关的系统架构和设计标准。另外，本书也可以作为对详细设计文档进行同行评审所依照的标准之一，为行业领域内的研究者提供实例参考，具有一定的参考价值和学术价值。

本书由向迎春统稿，第 1 章由编委会统筹编写，第 2 章由陈瑶编写，第 4、6 章由黄梅编写，第 3、5 章由王开业编写。在本书的编写过程中，胡银燕、周家樑等提供了丰富的素材，对他们的辛勤付出一并表示真挚的感谢。

由于理论水平有限，以及所做研究工作的局限性，书中难免存在不足之处，恳请广大读者批评指正。

编　者

2020 年 4 月

目　录

第 1 章　INDICS 工业互联网平台

工业互联网是人与机器、机器与机器连接的新一轮技术革命。工业互联网平台作为工业互联网的核心，是工业全要素连接的枢纽。本章主要介绍工业互联网的起源与现状，并介绍世界首批、我国首个工业互联网平台——INDICS 工业互联网平台(以下简称 INDICS 平台)，以及 INDICS 平台的核心系统级工业应用——“一脑一舱两室两站一淘金”(企业大脑、企业驾驶舱、云端业务工作室、云端应用工作室、企业上云服务站、中小企业服务站、数据淘金)。

1.1　工业互联网简介

工业互联网深刻影响着研发、生产和服务各个环节，当今工业互联网技术与应用日渐丰富，传感器互联、网关通信转换、工业应用综合集成、虚拟化技术、大规模海量数据挖掘预测等信息技术的应用呈现出更为多样的工业系统智能化特征；此外，工业互联网还影响着工业物联网的商业与管理创新进程，潜移默化地改变着产品的技术品质和生产效率。

1.1.1　工业进化史

工业发展的变革始于 18 世纪的英国，也被称为第一次工业革命。这次工业革命标志着人类社会发展史上一个全新时代的开始，拉开了整个人类社会向工业化社会转变的帷幕，工业进化史如图 1-1 所示。

1. 工业 1.0——机械化

瓦特改良了蒸汽机，开启了工业革命，实现工厂机械化。

第一次工业革命是指 18 世纪从英国发起针对生产领域的技术革命，它开创了以机器代替手工劳动的时代。此次革命以工作机的诞生开始，以蒸汽机作为动力机被广泛使用为标志。蒸汽机的改良推动了机器的普及以及大工厂制的建立，从而推动了交通运输领域的革新。这次技术革命和与之相关的社会关系的变革，称为第一次工业革命或者产业革命。

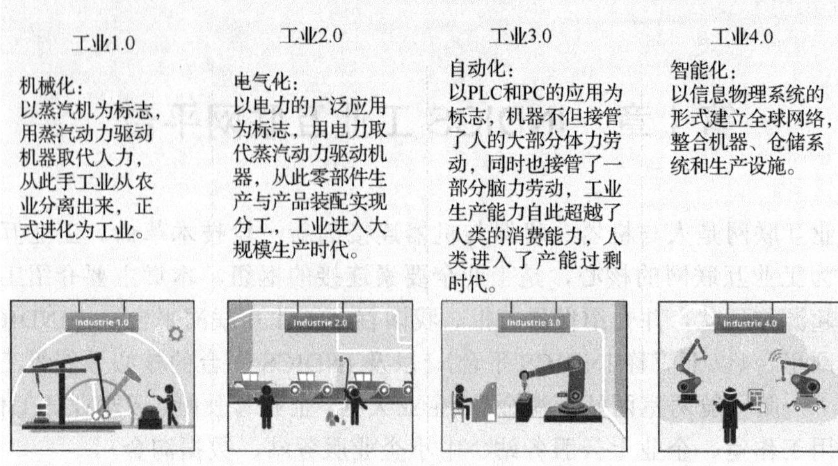

图 1-1　工业进化史

2. 工业 2.0——电气化

发电机的发明，使得电器被广泛使用，人类进入了电气自动化设备的年代。

第二次工业革命是指 19 世纪中期，欧洲的一些国家和美国、日本的资产阶级革命。此次革命促进了经济的发展，出现的新兴工业，如电力工业、化学工业、石油工业和汽车工业等，都要求实行大规模的集中生产，垄断组织在这些部门中应运而生，企业的规模进一步扩大，劳动生产率进一步提高。此次革命强调电力驱动产品的大规模生产，并开创了产品批量生产的新模式，人类进入了电气时代。

3. 工业 3.0——自动化

网络资讯的发展连接全球各地，各种精密机器的发明大幅提升了生产的效率与品质。

第三次工业革命始于 20 世纪四五十年代，电子与信息技术的广泛应用，使得制造过程不断实现自动化，是人类文明史上继蒸汽技术革命和电力技术革命之后科技领域里的又一次重大飞跃。第三次工业革命以原子能、电子计算机、空间技术和生物工程的发明与应用为主要标志，是涉及信息技术、新能源技术、新材料技术、生物技术、空间技术和海洋技术等诸多技术的一场信息控制技术革命，不仅极大地推动了人类社会经济、政治、文化领域的变革，而且影响了人类的生活方式和思维方式。随着科技的不断进步，人类的衣食住行用等日常生活的各个方面也发生了重大的变革。电子计算机的广泛应用促进了生产自动化、管理现代化、科技手段现代化和国防技术现代化，也推动了情报信息的自动化。以全球互联网络为标志的信息高速公路正在缩短人类交往的距离。

4. 工业 4.0——智能化

工业 4.0 起源于德国，核心概念是利用虚实整合系统，将制造业甚至整个产业供应链互联网化。

第四次工业革命的工业 4.0 战略于 2011 年诞生于德国，是德国联邦教研部与联邦经济技术部在 2013 年德国汉诺威工业博览会上提出的概念，其内容是将互联网、大数据、云计算、物联网等新技术与工业生产相结合，最终实现工厂智能化生产，让工厂直接与消费需求对接。工业 4.0 描绘了制造业的未来愿景，提出继蒸汽机的应用、规模化生产和电子信息技术三次工业革命后，人类将迎来以信息物理系统(cyber physical systems，CPS)为基础，以生产高度数字化、网络化、机器自组织为标志的第四次工业革命。随着物联网及服务的引入，制造业正迎来第四次工业革命，企业能以 CPS 的形式建立全球网络，整合其机器、仓储系统和生产设施。

1.1.2　工业互联网

工业互联网是通过人、机、物的全面互联，全要素、全产业链、全价值链的全面连接，对各类数据进行采集、传输、分析并形成智能反馈，推动形成全新的生产制造和服务体系，提升资源要素配置效率，充分挖掘制造装备、工艺和材料的潜能，提高企业生产效率，创造差异化的产品并提供增值服务。

工业互联网是新一代信息通信技术与工业经济深度融合的全新工业生态、关键基础设施和新型应用模式，它通过新一代信息通信技术建设连接工业全要素、全产业链的网络，以实现海量工业数据的实时采集、自由流转、精准分析，从而支撑业务的科学决策，实现资源的高效配置，推动制造业融合发展。工业互联网的技术与实践是全球范围内正在进行的人与机器、机器与机器连接的新一轮技术革命，并在美国、德国、中国三个制造业大国依据各自产业技术优势沿着不同的演进路径迅速扩散。工业互联网的实践是以全面互(物)联网与定制化为共性特点形成制造范式，深刻影响着研发、生产和服务等各个环节。工业互联网的内涵日渐丰富，传感器互(物)联网与综合集成、虚拟化技术、大规模海量数据挖掘预测等信息技术应用呈现出更为多样化的工业系统智能化特征。基于工业互联网的商业与管理创新所集聚形成的产业生态将构建新型的生产组织方式，也将改变产品的技术品质和生产效率，进而从根本上颠覆制造业的发展模式和进程。

1.1.3　工业互联网平台

从技术角度来看，网络、平台及安全是构成工业互联网的三大体系，其中网络是基础，平台是核心，安全是保障。

工业互联网平台作为工业互联网的核心，是面向制造业数字化、网络化、智能化需求，构建基于海量数据采集、汇聚、分析的服务体系，支撑制造资源泛在连接、弹性供给、高效配置的载体，是工业全要素连接的枢纽。

美国和德国等国家的先进企业正在以工业互联网平台为竞争点，在全球范围内扩张，工业互联网平台成为国内外先进企业抢占全球制造业主导权的必争之地。

基于各国工业体系与基础环境不同，全球工业互联网建设形成了三种范式。德国采取自下而上的模式，以完善的信息物理系统为基础，从设备的智能化开始，逐步向上延伸到生产线智能化、车间智能化、工厂智能化，最终通过打造智能制造平台逐步实现工业 4.0 的目标。美国采取由中间向两端全产业链延伸的模式，在基本实现智能制造的垂直配套体系之中，以线下全球协同制造分工布局为基础，打造全球化线上协同制造与协同售后服务平台，继续保持全球制造业垂直分工体系的主导地位。中国采取自上而下逐步深化的模式，在绝大部分企业不具备智能制造能力，企业的运营流程尚未完成信息化改造，且短时间内不可能完成智能化改造和信息化改造的前提下，从云制造生产方式变革入手，在渐进开展制造能力智能化改造和企业运营流程信息化改造过程中，同步开展企业制度的调整与变革，最终实现从云制造到协同制造、从协同制造到智能制造的逆袭。

中国航天科工集团有限公司的 INDICS 平台选择的就是第三种范式，即首先搭建工业领域公共云平台，从打造云制造产业集群生态起步，先把分散在全国各个角落市场主体的资源配置与业务流程优化工作放在中心地位，配合中国制造业的群体转型，重点服务中小微企业生产方式转变，以及企业组织结构和企业制度变革的需求，从云端企业“省钱、赚钱、生钱”三个层次逐步递进，着力打造云制造产业集群生态。INDICS 平台上线 4 年后交出的答卷，初步验证了具有中国特色、自上而下逐步深化工业互联网发展路径的现实合理性。INDICS 平台模式，既是通过“智能+”为中国制造业高质量发展和转型升级“赋能”的“航天方案”，也是为国际工业互联网建设贡献的“中国方案”。

我国政府高度重视工业互联网平台的发展，倡导工业企业云上发展，国务院印发的《关于深化“互联网+先进制造业”发展工业互联网的指导意见》也提出了到 2020 年，推动 30 万家企业应用工业互联网平台，到 2025 年，实现百万家企业上云的具体任务目标。工业企业认识到未来云化发展趋势及带来的好处，纷纷将生产数据、信息系统等迁移到云上，逐步形成平台化发展。

目前，国内外主流的工业互联网平台见表 1-1。

表 1-1　国内外主流的工业互联网平台

序号	平台名称	企业	主要描述
1	Predix 平台	GE	Predix 平台的四大核心功能是链接资产的安全监控、工业数据管理、工业数据分析、云技术应用和移动性； 平台架构共分为三层，分别为边缘连接层、基础设施层和应用服务层
2	MindSphere 平台	西门子	基于云的开放式物联网操作系统； 对于工业设备的数据采集，西门子提供了一个 MindConnect 的工具盒子，可以让设备轻松入网
3	Ability 平台	ABB	“边缘计算+云”架构； 边缘设备负责工业设备的接入，对关键设备的参数、值和属性进行数据采集，由边缘计算服务进行数据的处理和展现，最上层的云平台对工业性能进行高级优化和分析
4	INDICS 平台	航天云网	INDICS 平台通过高效整合和共享国内外高、中、低端产业要素与优质资源，以资源虚拟化、能力服务化的云制造为核心业务模式，以提供覆盖产业链全过程和要素的生产性服务为主线，构建“线上与线下相结合、制造与服务相结合、创新与创业相结合”，适应互联网新业态的云端生态
5	根云平台	树根互联	根云平台主要基于三一重工股份有限公司在装备制造及远程运维领域的经验，由 OT 层向 IT 层延伸构建平台，重点面向设备健康管理，提供端到端工业互联网解决方案和服务； 主要具备智能物联、大数据和云计算、SaaS 应用和解决方案三方面功能
6	COSMOPlat 平台	海尔	COSMOPlat 平台共分为资源层、平台层、应用层和模式层； COSMOPlat 平台已打通交互定制、开放研发、数字营销、模块采购、智能生产、智慧物流、智慧服务等业务环节，通过智能化系统使用户持续、深度参与到产品设计研发、生产制造、物流配送、迭代升级等环节，满足用户个性化定制需求

1.2　INDICS 平台简介

中国航天科工集团有限公司依托多年来在先进制造业和信息技术产业的雄厚实力，倾力打造世界首批、中国首个工业互联网平台——INDICS 平台。2015 年 5 月，中国航天科工集团有限公司成立航天云网科技发展有限责任公司；2017 年 6 月，航天云网科技发展有限责任公司打造的 INDICS 平台面向全球正式发布。

1.2.1　概述

1. 云制造的内涵

云制造是一种基于泛在网络，借助新兴制造技术、新兴信息技术、智能科学技术及制造应用领域技术4类技术深度融合的数字化、网络化、智能化技术手段。制造云构成了以用户为中心的制造资源与能力的服务云(网)，使用户通过智能终端及制造云服务平台能随时随地按需获取制造资源与能力，对制造全系统、全生命周期活动(产业链)中的人—机—物—环境—信息进行自主智能的感知、互联、协同、学习、分析、认知、决策、控制与执行，促使制造全系统及全生命周期活动中的人/组织、经营管理、技术/设备(三要素)及信息流、物流、资金流、知识流、服务流(五流)集成优化；构成一种基于泛在网络，以用户为中心，人机物融合，互联化、服务化、协同化、个性化(定制化)、柔性化、社会化的智能制造新模式(云制造范式)，进而高效、优质、节省、绿色、柔性地制造产品和服务用户，提高企业(集团)的市场竞争能力的新型制造模式。

2. INDICS 平台与云制造

INDICS 平台以云制造为核心，以生产性服务为主的综合服务为依托，采用开放的技术体系、开放的商业模式与低成本高效的管控体系，形成可复制、可移植的顶级现代服务业运行体制与机制，优化整合国内外资源，形成产业发展的社会化大平台，以实现“企业有组织、资源无边界”“不求所有、但求所用”的目标。

3. INDICS 平台内涵

INDICS 是以区块链、边缘计算、大数据智能、新一代人工智能技术等为核心的工业互联网开放空间，面向全球开发者、设备制造商和集成商以及合作伙伴提供全生命周期工业应用的开发、部署和运行环境。INDICS 平台作为一种提供跨行业、跨领域、跨地域的产品全生命周期、全产业链的工业操作系统，可实现对工业设备、工业服务和工业产品的感知与物联、共享与协同、学习与决策、控制与调度，全面支撑智能制造、协同制造、云制造等新型制造模型和生态。

1.2.2 INDICS 平台功能

INDICS 平台基础架构及功能模块采用五层结构，分别是应用层(SaaS 层)、平台服务层(PaaS 层)、数据服务层(DaaS 层)、基础设施服务层(IaaS 层)和工业物联网层(IIOT 层)，如图 1-2 所示。

(1) 应用层(SaaS 层)：提供工业应用服务，包括精益制造、智能研发、智慧控制和以远程监控、智能诊断、售后服务、资产管理为核心的智慧服务等制造全产业链的工业应用服务功能。

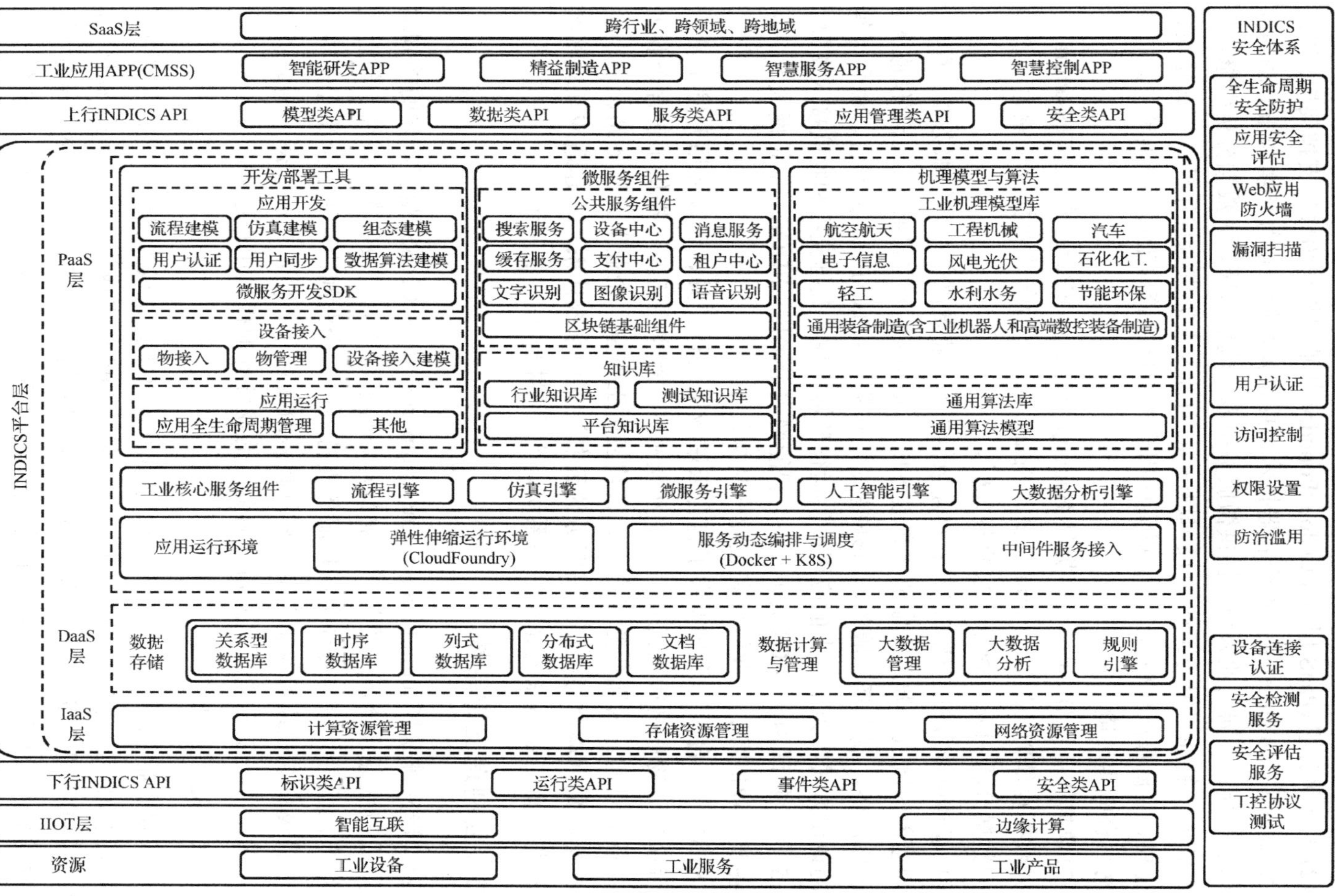

图 1-2　INDICS 平台总体架构

(2) 平台服务层 (PaaS 层)：以 CloudFoundry 基础架构作为底层支撑架构，扩展基于 Docker 和 Kubernetes 的混合容器技术，提供弹性伸缩运行环境和服务动态编排与调度功能；面向工业领域，提供微服务引擎、流程引擎、大数据分析引擎、仿真引擎和人工智能引擎等工业 PaaS 服务；面向开发者提供流程建模、仿真建模、组态建模、数据算法建模等工具，提供应用全生命周期管理工具，提供第三方工业互联网平台应用环境产品。

(3) 数据服务层 (DaaS 层)：提供 Hadoop 分布式、HBase 列式、Cassandra 时序等大数据存储能力以及 Storm 流式、Spark 内存计算等大数据分析能力，助力工业大数据分析和人工智能算法业务分析。

(4) 基础设施服务层 (IaaS 层)：自建数据中心，将数据中心内的服务器、存储、网络和接入的制造资源进行虚拟化和服务化，从而提供云主机服务、云存储服务、云数据库服务、制造资源服务，对外提供程序应用接口 (API)、控制台、命令行等形式的调用方式，为平台上的应用提供运行环境支撑、数据支撑和物联接入支撑。

(5) 工业物联网层 (IIOT 层)：提供智能网关 INDICS EDGE、虚拟网关 SDK，支持各类工业服务、工业设备和工业产品接入平台。

INDICS 平台面向用户提供了包含云端应用运行工具、云端应用开发工具、云平台服务、物联网接入工具、工业互联网网关等平台工具，提供了包含企业大脑、企业驾驶舱、云端业务工作室、云端应用工作室、企业上云服务站、中小企业服务站、数据淘金等用户产品服务的云制造支撑系统体系，构建适应互联网经济业态与新型工业体系的完整生态系统，产品架构如图 1-3 所示。

1.2.3　云制造支撑系统

云制造支撑系统 (cloud manufacture support system，CMSS) 是智能化的端到端应用集成与服务系统，主要包括工业品营销与采购全流程服务支持系统、制造能力与生产性服务外协与协外全流程服务支持系统、企业间协同制造全流程支持系统、项目级和企业级智能制造全流程支持系统等四个方面，全面支持云制造产业生态。采用“一脑一舱两室两站一淘金”的业务界面提供用户服务。

1. CMSS 发展背景

全球制造业正进入平台竞争时代，工业互联网平台正成为促进产业价值链中高端升级，建设制造强国的关键，基于平台的应用 APP 生态成为关键。《关于深化“互联网+先进制造业”发展工业互联网的指导意见》指出，加快工业互联网平台建设，突破数据集成、平台管理、开发工具、微服务框架、建模分析等关键技术瓶颈，形成有效支撑工业互联网平台发展的技术体系和产业体系。工业和信息化部积极推动工业互联网平台建设，大力推进工业技术软件化和百万 APP 工程。

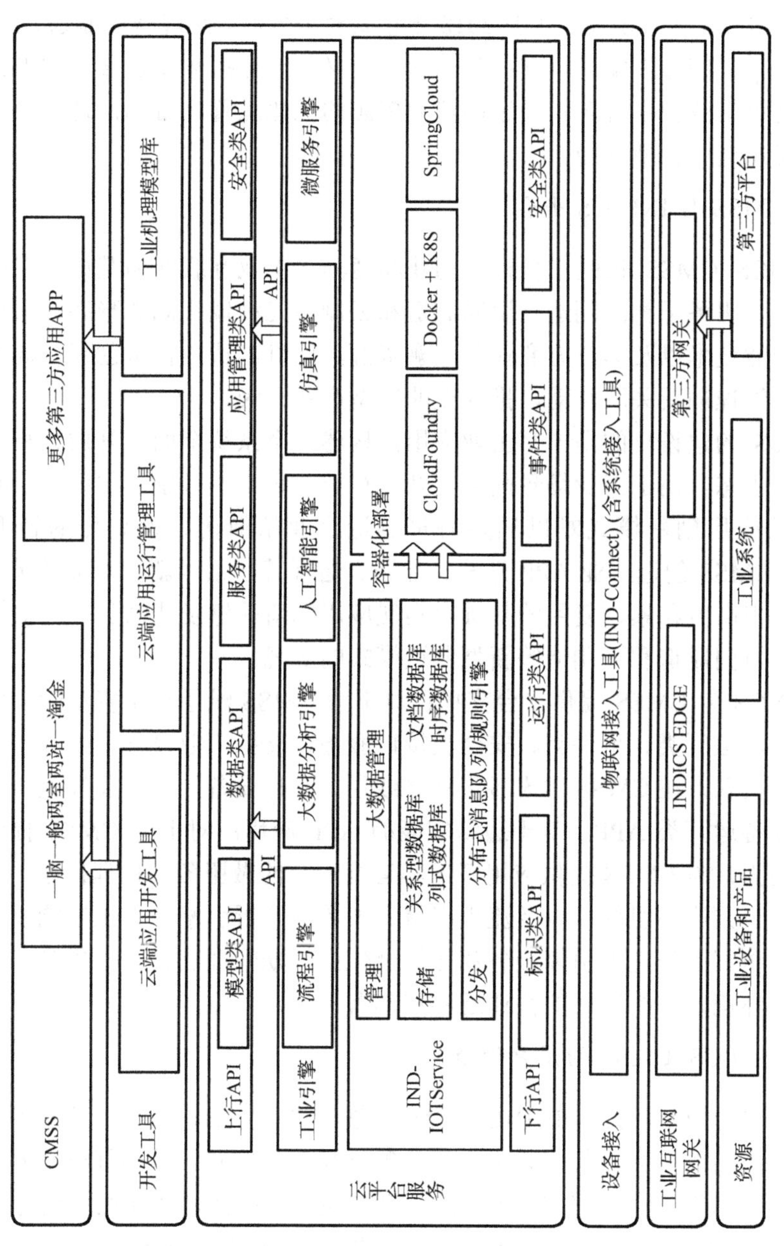

图 1-3　INDICS 平台产品架构

为深入贯彻落实以上重大举措，促进产业转型及未来企业生产经营模式升级，中国航天科工集团有限公司提出 INDICS+CMSS 发展战略，着力开展 INDICS+CMSS 体系研发，并于 2018 年正式对外发布，实现智能制造、协同制造、云制造“三类制造”发展，支撑基于软件定义的新业态体系建设。CMSS 可整合积淀的优势工业应用资源，促进制造业资源的优化配置，带动制造业产业链的重构，实现制造业转型升级。

2. CMSS 与 INDICS 平台

INDICS+CMSS 搭配，目标是构建和涵养以工业互联网为基础的云制造产业集群生态，服务于智能制造、协同制造和云制造三种现代制造形态，运用大数据和人工智能技术以及第三方商业与金融资源，促进制造业技术创新、商业模式创新与企业管理创新关联互动，推动企业转型产业升级。

CMSS 的建设目的是丰富工业应用，构建一个系统全面、开放共享、使用便捷的创新生态。由于工业场景高度复杂，行业知识千差万别，传统由少数大型企业驱动的应用创新模式难以满足海量制造企业精细化、差异化的转型需求。INDICS+CMSS 创造工业 APP 开发、部署、运行等一系列新的产业环节和价值，在工业知识高度积累、复用的基础上实现应用创新的爆发式增长，有效支撑智能化改造、协同制造和云制造等新型制造模式的实现。

INDICS 为 CMSS 提供平台支撑：对下为 CMSS 赋予设备资源管理能力，提供标识类、运行类、事件类、安全类接口服务，支持工业设备、工业产品和智能产品资源接入，在 CMSS 的设备层和产线层，支持设备控制与监控类 APP，数据驱动的设备运营类 APP，基于边缘智能的 APP 应用；对上为 CMSS 提供平台应用服务能力，为 CMSS 提供应用开发和运行所需的微服务、机理模型、建模和开发工具、公共服务组件，以及流程引擎、大数据分析引擎、人工智能引擎、微服务引擎、仿真引擎五大引擎服务和应用全生命周期管理工具，提供第三方工业互联网平台环境，支持应用的快速迁移和部署。

3. INDICS+CMSS 的用户价值

以用户为中心，打造 INDICS+CMSS 整体解决方案，实现工业服务、工业设备和工业产品的社会化集成共享、优化配置和业务协同，重塑行业边界及产业结构，实现价值链转型，构建新的制造模式和制造生态。其内在商业驱动力为 3M（省钱（to save money）、赚钱（to get money）、生钱（to make money））。

利用 INDICS+CMSS 整体解决方案，帮助企业实现快速上云，实现资源的社会化集成、配置和协同，建立体系化运作结构，形成新竞争格局和新商业盈利模式，助力制造企业进行战略转型；打破传统面向单一产品和环节的技术壁垒，重塑价值链中的研发、制造、客户服务等活动，推动价值链转型；通过对技术体系、标准体系、产业体系的重塑，构建智能制造新模式和新生态。

1.3　“脑舱室站金”简介

1.3.1　概述

INDICS 平台“一脑一舱两室两站一淘金”系统是将企业发展战略转化落地的基本模式，通过对业务场景、用户需求、分工界面、组织结构等方面的内容实现规范化、标准化处理，形成统一的可复制推广的总体架构模式，进一步延伸至平台其他产品，形成统一架构的工业应用集成环境，指导平台产品建设，拓展第三方工业应用资源合作。

INDICS 平台“一脑一舱两室两站一淘金”系统面向大型集团企业、中小微企业内的决策层、经营层与业务层提供三大层面上的服务。决策层主要指企业领导班子成员，负责公司战略制定、开拓与规划新业务；经营层指各部门管理中层，负责公司研发、生产、采购与销售等日常业务的日常运行；业务层由研发部门、生产部门、销售部门、采购部门、财务部门、仓库管理等其他综合支撑部门组成，负责公司具体业务执行。

“企业大脑”是指企业决策支持系统，主要服务于公司决策层，通过数据和专家系统、规则库、知识库、模型库、算法库、数据库等资源支撑企业战略管控与战略决策。

“企业驾驶舱”是指企业运行支持系统，主要服务于公司经营层，支撑企业经营管控活动，可为企业经营层提供大数据可视化服务，并可实时提取生产、销售、产品、运营等环节数据，及时掌握管理动态，打造数据驱动型企业。

“两室”主要服务于业务层，实现企业经营业务流程全覆盖。其中“云端业务工作室”是指企业交易流程支持系统，围绕企业在线采购与销售业务，打通线上合同的“对接、商签、履约、结算”业务流程和电子签章服务；打通财务、税务、物流等业务流程，可通过与企业自有信息系统的数据互通，实现客户到供应商业务流程的集成贯通，提供以交易为核心的一站式全流程业务服务。“云端应用工作室”是指企业制造过程支持系统，支撑工程类业务开展，可通过设计研发、生产制造和运营管理的有效集成，最终形成跨单位、跨专业的数字化协同设计、协同试验和协同制造能力。

“两站”主要实现企业的上云接入和服务支撑。其中“企业上云服务站”是指企业设备/业务上云服务系统，为企业上云提供引导和路径，帮助企业设备、产线及业务快速上云，帮助企业上云及智能化改造服务，实现生产管理数据与业务数据的采集和应用，实现网络化协同制造。“中小企业服务站”是指企业管理外包服务系统，给企业提供生产性、综合性服务支撑，可汇聚线上线下优质资源，提供一站式企业服务，降低企业运营成本，激活创新潜力。

“数据淘金”是指基于数据价值挖掘的知识服务系统，服务于所有企业内部角色，基于平台数据，面向企业和生态伙伴(数据增值服务商)提供增值服务。

航天云网“一脑一舱两室两站一淘金”系统架构图如图 1-4 所示。

1.3.2 “脑舱室站金”的应用价值

“一脑一舱两室两站一淘金”系统级工业应用作为 INDICS 平台的业务界面，是云端应用的集成环境，支持满足不同行业、不同领域企业的数字化、网络化、智能化、云化需求，无须企业单独部署，利用云端应用场景集成工业 APP 功能体系，具备一站式、多租户的特性，同时支撑工程类业务人员、协作配套类业务人员、企业经营管理者、企业决策者等类型用户不受区域限制开展云端业务。

因此，“一脑一舱两室两站一淘金”总体架构应采用“分层-微服务”的架构方式。分层架构即满足底层数据资源到顶层应用价值实现。微服务架构以面对不同种类客户、不同行业领域业务工作的较大差异，应具备良好的功能延展性、部署的便利性和高可定制性，实现渐进式开发或引入，以适应用户在不同阶段、不同时期的需求。

1. 平台层

基于 INDICS 平台提供 PaaS、IaaS 云架构服务，以 API 形式为“一脑一舱两室两站一淘金”的第三方工业应用的系统集成及业务开展提供接口。INDICS 平台具有 5 个重要功能：①提供多源异构数据接入与管理能力，帮助企业实现数据的汇聚，为实现数据分析、建模提供支撑；②构建可靠的工业应用部署运行环境，实现海量工业应用接入；③依托大数据、人工智能等新一代技术，实现核心工业引擎，提升平台服务能力；④通过对工业大数据、工业知识、技术、经验的融合，形成机理模型、算法及微服务，供开发者调用；⑤构建开放式的环境，借助机理模型、微服务组件、应用开发工具等，帮助用户快速实现工业应用开发。随着“一脑一舱两室两站一淘金”业务活动开展的不断深化、业务流程的不断丰富，大量的业务模块按照微服务的形式下沉至平台，形成可以反复调用的微服务组件，通过业务中台的构建进一步强化平台的业务开展能力和“一脑一舱两室两站一淘金”系统级应用的可剪裁、可拓展能力。

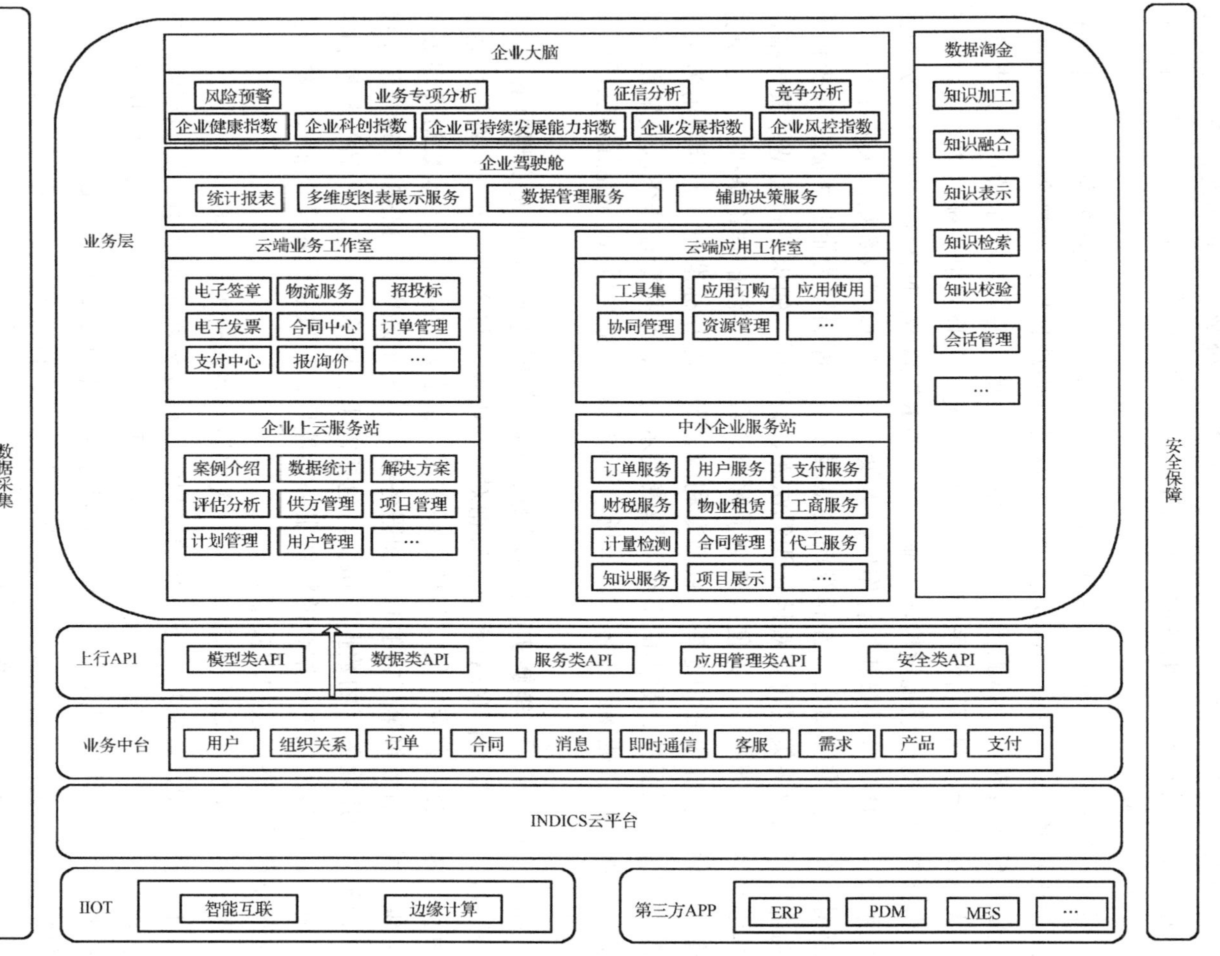

图 1-4 “一脑一舱两室两站一淘金”系统架构图

2. 业务层

业务层囊括了“一脑一舱两室两站一淘金”系统级应用的功能模块，面向不同行业、不同领域、不同地域的工业企业，为企业提供全方位、全周期、全流程的云端业务服务。

针对大中型企业决策层，通过企业大脑的功能实现了企业在经营管理中进行资源优化和整合，支持企业高层管理人员及时准确地把握和调整企业发展方向，为企业科学决策提供支撑服务。企业大脑功能主要分为五大子系统：数据支撑系统、大脑工作台、四库引擎系统、三池资源系统、大脑应用系统。数据支撑支持跨平台异构数据实时或批量传输，兼容主流的 RDBMS、NoSQL 数据库、分布式文件系统，同时可以根据其他合作厂商提供的 API 接口爬取数据。大脑工作台重点应用于企业多维度横向定性和纵向定量展示。四库引擎为企业大脑运转提供核心功能库，企业决策层可直观地认识算法库、语料库、知识库和模型库具体搭建的基础平台和基础模型，方便决策层了解企业数据库推演的理论基础。三池资源为企业大脑运转提供知识池库，包括专利池、专家池和标准池。大脑应用为决策层提供统计报表服务、数据的多维度图表展示服务、数据管理服务以及辅助决策服务等，涉及的功能场景有客户、市场、计划供应、生产质量、能源能耗、财务、人力等。

面向管理经营层，能够实现内部系统之间的数据交换，目的是实现财务系统、业务系统、办公自动化(OA)系统等数据对接。业务层与企业外第三方系统产品之间可实现数据交互和应用集成两种对接方式，前者对包括物流运输数据查询等功能提供支撑，后者将第三方的功能和服务接入应用市场中。CMSS 基础业务系统以接口形式调用业务层的数据与功能，包括需求、订单、合同、产品等数据和功能。业务层是线上线下相结合的特殊服务功能层，可以满足各类企业深度参与云制造产业集群生态建设的现实需求。

面对业务人员，通过协同空间、个人空间、资源管理、任务管理四大功能暨平台上各类 APP、资源和任务，帮助用户快速构建云端工作环境。协同空间包括工作圈管理、协同工作台等功能，与任务管理功能一起实现 IPD 协同研制模式中的核心要素，即协同团队定义、任务和目标的分解/集成，以及团队协同；个人空间包括应用订阅、应用使用、应用订单三大功能，旨在为用户提供一站式集成应用环境；资源管理包括组织人员管理、工具服务管理和应用支撑环境、工程资源库，实现人员、工具系统、知识的统一管理，以及云端和本地的协同；任务管理包括任务规划、任务看板、任务统计等功能，实现产品研制全生命周期的任务规划、任务执行、可视化管理，为任务管理提供预警提醒、决策支持。基于云端应用工作室的任务管理版块获取待办任务、消息通知等信息，通过 API 调用协同类 APP 进行企业内协同计划、协同设计、协同生产、协同仿真、协同试验等工作；调用专业类 APP 实现智慧管控、智慧研发、智能制造、智能服务；通过应用工作室的资源共享管理、工具服务管理支撑企业的云制造模式落地实施。

各企业在研发过程中，从协同制造层获取研发需求，开展设计、仿真和试验等，基于云平台通用资源版块，在云端或线下使用 CAX 工具软件，从知识库获取相关知识和标准件、元器件模型，以及开展跨企业的协同研发应用。在生产过程中，向云平台传递工艺、主计划、设备状态、生产能力等信息，开展跨企业排产和工艺仿真等应用，生成的外协、外购计划发布至协同供应链版块进行供需对接，企业针对自制计划利用云平台进行工艺仿真和产线仿真等，形成优化、合理的生产计划和节拍，基于制造执行系统(MES)下发到工业现场，利用虚拟工厂监控生产运行过程，并在生产过程及时向云平台智慧管控版块更新交货期信息，反馈质量情况。另外，针对工业现场的设备、产线和高价值装备的运行、维护需求，可利用云平台的智能服务版块，获取装备在线保障、智能资产管控、故障诊断预测等应用。

面对上云企业，通过企业上云服务站为企业提供一站式上云服务，成为企业上云工程实施抓手，支持基于云平台的智能化改造服务。通过中小企业服务站为中小微企业提供融合物业空间、政务、创业辅导、技术咨询、营销推广、科技、金融等一站式科技创新服务。

面对数据价值挖掘，数据淘金具有知识图谱、知识检索、语义识别、人机交互等功能。数据淘金接入 INDICS 平台的 DaaS 层、平台及第三方应用、专家经验等数据，通过知识抽取、知识融合、知识存储等处理过程，形成知识图谱，支持第三方合作伙伴知识库的插入，同时通过建立人工智能(AI)自学习算法，系统可以根据用户的提问、现有的数据或者知识推导出新的知识，扩充系统的知识图谱。数据淘金系统架构的重点是知识图谱模块、问题分析/语义理解模块和知识检索模块。其主要功能有 2 个：①基于工业基础词库的分词和命名实体识别；②对用户问题进行意图识别和实体抽取。意图识别是要弄清楚用户到底要问什么，如是查询故障发生次数还是查询故障原因；实体抽取是这个意图下的具体槽位值，如问句是“上个月发电机故障次数是多少”，意图就是“查询故障次数”，故障名称的槽位值是“发电机故障”，时间的槽位值是“上个月”。通过 AI 自学习模块和关系抽取实现知识图谱的抽取。知识检索模块实现路径是首先对问题进行分类，按照用户输入的问题可分为事实型和列举型问题、定义型问题、交互式问题三类。

第 2 章　数据淘金概述

数据淘金全称为基于数据价值挖掘的知识服务系统，服务于所有企业内部角色，基于平台数据，面向企业和生态伙伴(数据增值服务商)提供增值服务。数据淘金以数据分析和数据挖掘为核心，通过对企业数据的分析，发掘出数据的潜在价值，提升企业的生产经营效率。

本章主要从数据淘金的产品设计背景、设计原理以及原始技术等方面来阐述数据淘金产品。

2.1　数据淘金的应用

本节主要描述数据淘金在 INDICS 平台中的定位以及数据淘金产品的背景。

2.1.1　数据淘金在 INDICS 平台中的定位

数据淘金是一个基于数据价值挖掘的知识服务系统，针对特定场景、特定需求的企业用户，提供基于工业领域知识图谱的数据、信息和知识服务。

数据淘金是对“一脑一舱两室两站”的数据进行整合，并结合 INDICS 平台和第三方平台数据，进行数据价值挖掘分析的一款系统级应用。“脑舱室站”的数据视角基于个体企业，为企业提供从客户需求到销售、订单、计划、研发、工艺、制造、采购、供应、库存、交付、售后及运维等的流程数据，但各产品数据分离，未做全流程打通，从而浪费了隐藏在海量数据中的宝贵价值。

宏观层面上，数据淘金整合“脑舱室站”数据，从行业和企业聚类两个层次上进行数据挖掘分析，提供行业视角和企业聚类视角的数据报表和咨询服务；微观层面上，数据淘金打通脑舱室站全流程数据，从个体企业视角挖掘个体企业的生产经营数据、设备数据和运维数据等数据资产里的隐藏价值。

图 2-1 为数据淘金业务架构图，从图中我们可以清晰地看到，数据淘金基于 INDICS 工业互联网平台，以“脑舱室站”等应用数据为核心，通过对数据的分析、挖掘，对外提供数据服务的能力。数据淘金输出的分析结果将服务于客户和“脑舱室站”等应用，为应用迭代优化提供数据支撑，促进平台更深入地服务于客户各环节的业务需求和管理需求。与“脑舱室站”相互

融合、优势互补，推动客户业务协同和智能化升级，更好地支撑企业经营发展。

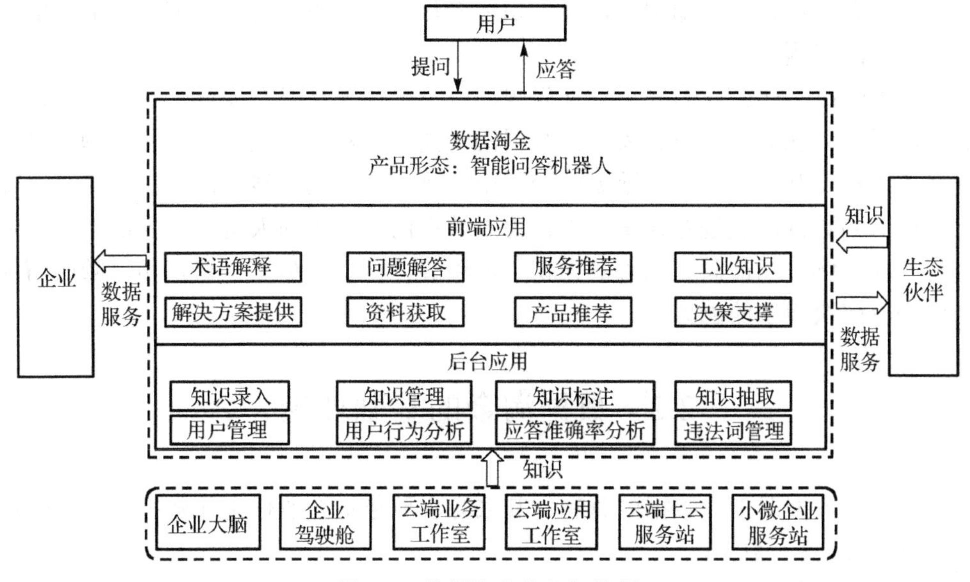

图 2-1　数据淘金业务架构图

2.1.2　产品背景

企业在生产经营过程中，对知识的获取及价值挖掘有着巨大的需求，同时也面临着如下问题。

1. 缺乏知识体系的构建方法及工具

传统企业在生产运营过程中需要处理问题时，通常采用查阅纸质或电子档资料，检索困难，效率低下，缺乏相应的工具及平台，严重影响工作效率。

2. 知识传承缺乏有效的解决方法

企业的技术经验都存储在技术人员的大脑里和文档中，当技术人员离职时，技术经验等难以得到传承。

3. 企业沉淀的海量知识无法再利用

企业在生产经营过程中，积累了大量的知识，这些沉睡知识的潜在价值巨大，传统企业缺乏大数据及人工智能相关技术专业人员，无法挖掘这些知识的潜在价值。

工业行业的知识体系构建专业门槛较高，且共性知识抽取非常困难。一些工业企业的知识管理缺乏，同时也缺少针对工业企业知识管理的工具。数据淘金可以让企业自行构建专有知识库，让知识体系化，聚焦应用场景，解决工业行业中遇到的实际问题，赋能业务目标。

为了解决工业企业的知识管理问题，以及企业内员工在缺乏专业人员帮助的情况下需要专业知识支撑的需求，数据淘金提供针对工业企业的知识管理工具和友好的人机交互界面。通过数据淘金，企业可以将其线上线下的数据、经验、知识等接入到数据淘金进行知识管理，通过数据淘金提供的人机交互界面，为企业内员工提供解决当前问题相关的知识、经验等，可以在员工工作现场，随时帮助他们拥有解决问题的能力。

2.2 数据淘金的基础理论

工业大数据即工业数据的总和，其来源主要包括企业信息化数据、工业物联网数据、“跨界”数据。

随着工业制造技术的突飞猛进及信息技术的快速发展，制造业正在从“业务驱动型”向“数据驱动型”演进，大数据分析与价值提取是“数据驱动”之源。工业大数据主要来自企业内各类信息系统、基于设备互联的物联网系统和外部互联网渠道 3 个方向，每个方向都从不同角度记录工业产品生命周期相关信息。企业内部各类信息系统记录并存储了工业产品的核心业务数据，数据涉及产品生命周期、供应链管理、客户关系管理及企业资源规划等各环节；物联网系统汇总了当前智能设备的状态、使用运转周期等信息，对相关产品制造流程涉及的工艺环节进行数据采集并存储；用户对产品的体验感及改进建议等数据信息则来源于外部互联网渠道。据麦肯锡咨询公司大数据报告统计，过程工业的数据存储量高于其他行业。过程工业大数据蕴含大价值，麦肯锡全球研究院发布的 *Big Data：the Next Frontier for Innovation，Competition，and Productivity* 中指出，过程工业可以从大数据分析和应用中提高生产力、降低消耗，以工业大数据为价值源。工业大数据价值产生方式主要是通过分析集成设计与运行时的生产数据、采购的原料数据及销售过程中积累的单击流和用户行为数据等，进行更好的决策以改进过程运行、提高生产效率、提高产品质量、减少产品缺陷、满足用户需求。一方面，通过工业大数据分析可以及时发现生产制造过程中的短板以及时采取补救措施提高生产效率；另一方面，通过大数据提前预测，可实现快速分析问题、降低错误决策的效果。同时，对制造工艺流程类似的企业，可以对工业大数据进行类比分析和提炼，以达到同行业之间经验共享的目的，由于涉及同行业间的竞争关系，该举措在集团内部企业之间可以实施。

在工业制造业发展过程中，通过大数据的有效应用可积极推动工业制造过程的整体运转，包括产品研发、生产以及销售等，在产品生产制造过程中能够使其周期有效缩短，同时还能够使产品质量以及客户满意度均得到有效提升。

2.3　数据淘金的功能

2.3.1　功能简介

数据淘金系统主要包括两部分：一是个人用户使用的人机交互端，用户通过人机交互的方式获取所需要的相关知识；二是企业负责知识管理的知识管理端，使用相关的功能构建和丰富企业的知识库。数据淘金的功能结构图如图 2-2 和图 2-3 所示。

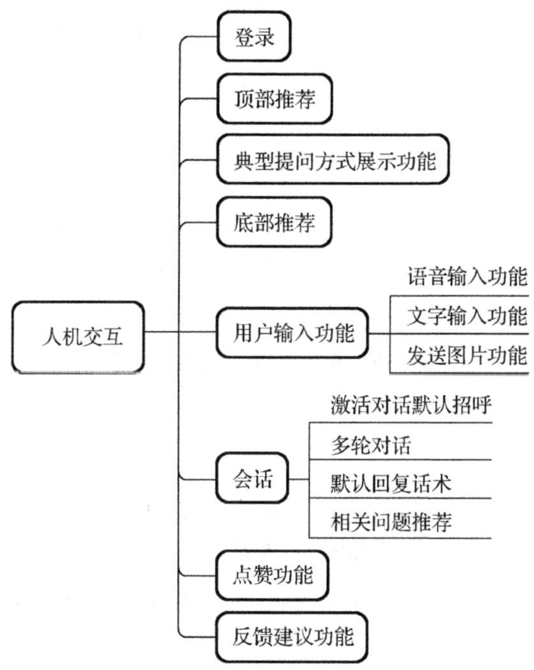

图 2-2　人机交互端功能结构图

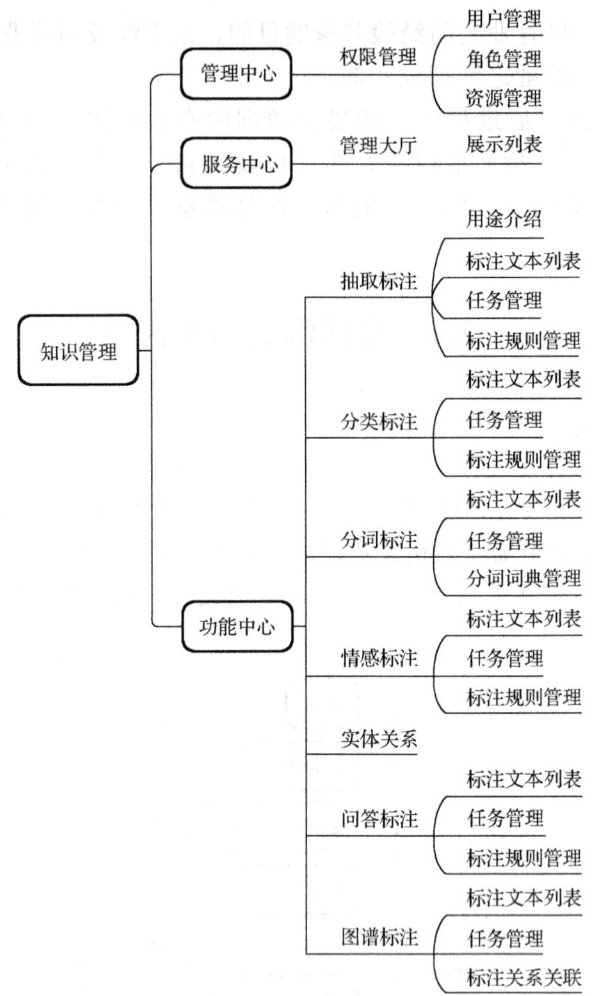

图 2-3　知识管理端功能结构图

2.3.2　业务流程

数据淘金系统包括前端和后台，前端主要是通过系统的人机交互界面为需要获取知识的用户提供服务，如企业管理人员、设备维护人员等；后台主要针对知识的录入、维护和管理人员。为了保证服务正常使用和内容的准确度，需要用户按照一定的流程使用产品。

例如，设备维护过程，当没有这套系统提供服务时，线下设备维护人员对于设备的故障等问题往往后知后觉，无法及时获取设备的运转情况，无法第一时间发现设备故障，导致设备投入到正常生产的时间缩短，生产效率降低，不能按照生产计划完成生产任务。同时对于高端设备出现的故障，除了常规故障维修人员能较快处理，其他故障需要翻看设备相关技术说明书、查找资料等，查找过程消耗维修人员大量时间，最终部分故障还需要等待厂家技术人员协助处理。这样的设备处理过程往往耗时长、效率低，严重地影响生产进度。

针对上述情况，为了提升获取设备故障的及时性，提升处理故障的效率，帮助大家更快更准地获取相关的知识和资料，提高企业内部各级人员对企业沉淀知识的使用度和利用效率，通过梳理用户对知识服务的需求和场景应用，梳理出用户通过数据淘金系统获取相关知识资料的流程，企业用户等前端用户在人机交互界面获取知识的问答流程如图 2-4 所示。

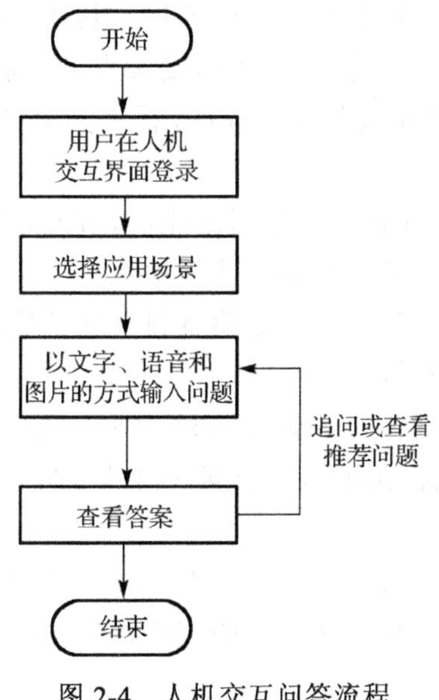

图 2-4　人机交互问答流程

(1)用户在人机交互界面登录。不同的企业和不同的用户拥有不同的应用场景与知识权限。用户登录之后，系统会根据用户的后台权限，提供对应的功能和应用场景。

(2)选择应用场景。用户可以根据自己的业务知识需求，选择对应的应用场景。不同的应用场景对应的知识库是不一样的。

(3)以文字、语音和图片的方式输入问题。数据淘金中提供 3 种不同的输入方式：文字、语音和图片，用户可以根据当前所处的环境选择最方便的方式进行提问，如设备出现故障，周围环境嘈杂，可以对设备故障代码进行拍照提问，快速获取解决方案。

(4) 查看答案。系统获取问题后，会根据系统的后台算法获得到对应的答案，并展示在前端界面上，用户在交互界面上可以查看系统反馈的答案。

系统获取到用户的提问内容之后，会通过后台和算法的分析，找到最匹配的知识返回给系统前端。此时，用户可以在前端交互界面上查看系统反馈的问题答案。

至此，本轮问答完成。用户可以继续提问，或者返回到其他应用场景进行提问，获取对应的知识。

针对各个行业各个企业的知识广泛性和差异性，数据淘金为各个企业提供知识管理后台，可以支撑企业对自己内部知识管理和经验的知识转化，为前端用户的知识获取提供丰富的内容。知识管理后台主要涉及知识管理员、数据标记员等用户，通过使用后台为企业构建知识库的流程，具体步骤如下。

(1) 管理员将需要进行知识标注的数据接入或导入系统中。需要确定选择系统自动标注还是人工标注，若是选择人工标注，需要到第 (2) 步，若是选择系统标注，则系统直接到第 (3) 步。

(2) 需要管理员分配标注任务给数据标注员。进入系统的资料需要进行标注后形成知识图谱或者按照一定规则存储，才能被系统的匹配算法识别使用。为了让资料变为系统需要的数据，管理员需要将资料分配给数据标注人员，由标注人员对资料按照统一的规范进行标注。

(3) 从导入的数据中，将相关知识标注出来。标注人员拿到管理人员分配的知识后，可以通过系统提供的标注功能对资料进行标注，标注出需要存储的知识。

(4) 对标注的知识进行审核。标注人员完成标注任务之后，需要将标注的知识提交给审核人员进行审核，保障知识按照规则进行标注，并且没有出现遗漏或者标注错误。

(5) 将审核通过的知识存入对应的知识库。审核通过的标准内容，系统将按照事先预定的规则相互建立关联，存入知识库。

(6) 后台用户可以查看知识库中的知识和通过搜索功能搜索相关的知识。为了方便后台人员维护已有知识，后台提供搜索功能。对于已经入库的知识，用户可以通过搜索快速查找到对应的知识。

通过以上 6 步，可以将分散在各种数据中的有用知识标注和聚合在一起，形成各种门类的专用知识和通用知识，为前端用户提供知识服务。

通过上面的知识标注、知识关联及知识有序存储，可以存储企业业务相关的知识，形成企业的知识库，为前端应用场景提供知识支撑。

企业构建知识库的流程如图 2-5 所示。

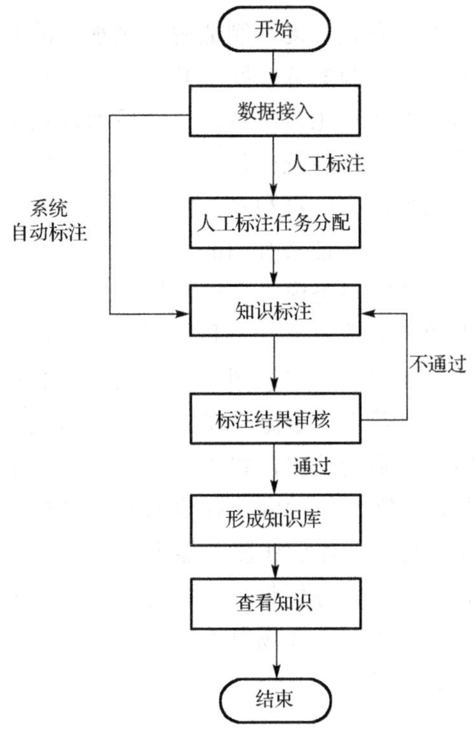

图 2-5　企业构建知识库的流程

2.4　数据淘金的作用和价值

与德国、美国等工业发达国家相比，中国的工业发展不均衡，企业从工业 1.0 到工业 3.0 都有分布。企业较为普遍地存在着研发创新能力弱、产品质量差、能源消耗大、污染物排放多、管理粗放、自动化和信息化水平低等问题。企业在生产经营过程中，面临着缺乏知识体系的构建方法及工具、知识传承缺乏有效的解决方法、企业沉淀的海量知识无法再利用等问题。

工业是真正具有强大造血功能的产业，对经济的持续繁荣和社会稳定有着非同寻常的意义。当前我国工业和发达国家比还有所欠缺，还有许多路要走。如果不能快速转型，高端产品与世界顶级产品的差距会导致市场竞争力薄弱；低端产品因为人力成本的持续增高会导致竞争力减弱，工业发展将进入一个更加艰难的状态。

工业大数据是提升产品质量，提高生产效率，降低能耗，转变高耗能、低效率、劳动密集、粗放型生产方式，提升制造智能化水平的必要手段。工业大数据的重点在于应用，在于优化资源配置效率，其关键在于数据如何转化为信息，信息如何转化为知识，知识如何转化为决策，其背后都依赖于软件系统，这套系统是人类隐性知识显性化的载体，系统构建了一套数据如何流动和如何价值变现的规则体系，确保了正确的数据、信息和知识能够在正确的时间以正确的方式传递给正确的人和机器，然后为企业带来有利的价值。

数据淘金以人机交互智能问答模式，针对特定场景、特定需求的企业用户，提供基于工业领域知识图谱的数据、信息和知识服务。数据淘金使用人工智能技术，通过多轮人机对话机制聚焦用户意图，从行业专家的角度给用户提供专业建议、技术思路和解决方案。数据淘金融合了人工智能与大数据技术，充分地考虑多种用户场景、多类用户终端的情况，将人工智能算法、工业知识图谱、自然语言识别(NLP)、大数据处理等新技术融合到数据服务平台模块中。数据淘金整合INDICS 平台已有工业应用与合作伙伴服务能力，打造人工智能赋能平台。数据淘金充分发挥平台已有产品与服务优势，发掘合作生态价值，依托高效人工智能算法为合作伙伴赋能，形成“以工业场景下的用户为中心、时时提供数据服务、处处产生服务效益”的服务模式。

第 3 章　数据淘金技术框架

数据淘金应用服务于特定工业场景下的工业制造企业内的用户，主要通过人机交互模式或语音问答模式为用户提供数据服务。初期通过需求调研可以确定几个常见标准问题，将问题解析结果预装到平台上供用户使用；中期可逐渐将“一脑一舱两室两站”中的成熟应用与数据淘金平台整合(例如，在云端业务工作室中调用数据淘金服务等)；后期可面向生态圈合作伙伴开放数据淘金平台的部分功能，通过让合作伙伴开发“数据综合块”来整合自研或者其他第三方工业应用。

数据淘金使用了人工智能领域的相关技术，本章主要介绍数据淘金的整体技术架构以及人工智能技术如何服务于数据淘金。

3.1　技术框架简介

数据淘金平台分为五层，分别为人机交互层、会话管理层、语义识别层、知识检索层、知识图谱层，数据淘金系统架构图如图 3-1 所示。

数据淘金系统接入 INDICS 平台的 DaaS 层、“一脑一舱两室两站”应用、第三方应用、专家经验等数据，通过知识抽取、知识融合、知识存储等处理过程，形成知识图谱，支持第三方合作伙伴知识库的插入，同时通过建立 AI 自学习算法，系统可以根据用户的提问、现有的数据或者知识推导出新的知识，扩充系统的知识图谱。数据淘金提供良好的人机交互页面，用户使用自然语言提出信息查询需求，系统首先对用户问题进行分类，然后通过查询式的语义理解，对用户意图进行分析与理解，并通过检索知识图谱，将检索到的结果通过答案模板文件封装成回复内容，向用户提供准确的应答。数据淘金既可整合“一脑一舱两室两站”的数据到知识图谱中，同时也可以提供 API 供“一脑一舱两室两站”调用，形成相互支撑的态势。

以钻机服务场景为例。用户通过人机交互层的人机交互界面输入问题“请告诉我宏华钻机出现故障怎么解决？”，在会话管理层中将该问题存储起来，同时将 cookie 存储在用户浏览器本地。然后调用语义理解模块，对该问句进行分词、命名实体识别等，接着对该问句进行预处理(纠错、补全、指代消解)等，由于该问句不存在指代词、问句不全，因此可跳过这一步，直接根据事先配置好的意图种类对该问句进行意图识别，通过意图分析算法分析出该问句的意图是“解决钻机

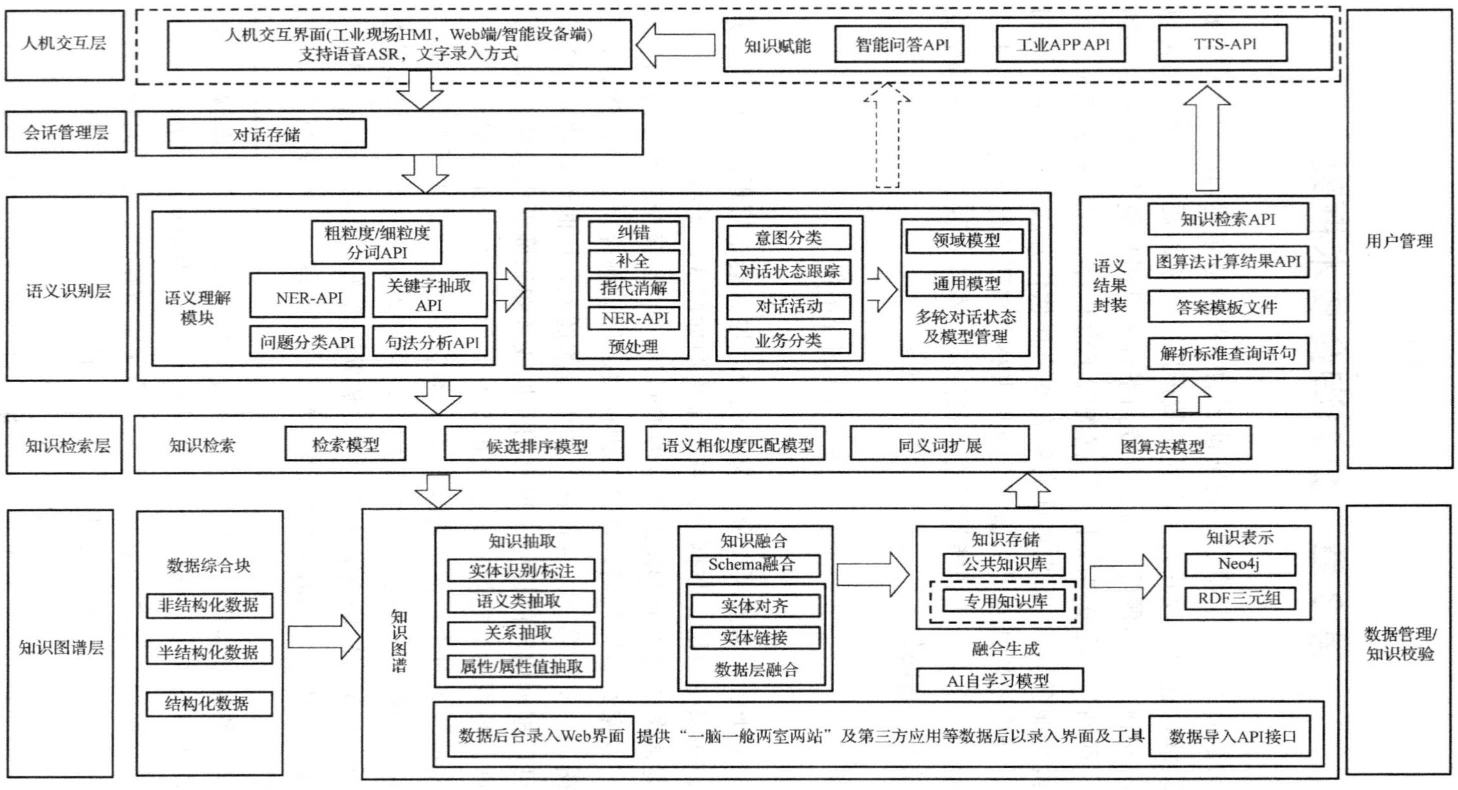

图 3-1　数据淘金系统架构图

故障”后，需要通过上下文处理判定当前用户给出的信息是否足以回答(判定标准是该意图对应的词槽填充是否完备)。由于数据库中需要定义好针对“解决钻机故障”需要填充的词槽如钻机类型、故障问题描述两个，且设定好钻机类型的优先级为 2，故障问题描述的优先级为 1，钻机类型的优先级较高。此时，多轮对话状态管理器通过调用将该意图下针对钻机类型已配置好的对话模板“请问是泥浆泵有关的故障还是与绞车有关的故障”，通过人机交互层的智能问答 API 返回给人机交互界面；此时用户回答“是与泥浆泵相关的故障”，会话管理层将该对话保存下来，语义理解模块采用实体抽取 API 抽取该意图的具体槽位值。实体抽取使用 NLP 里的 NER(命名实体识别)技术解决。将“泥浆泵”这个词槽中对应的字典值抽取出来，作为钻机类型这个词槽的字典值保存下来，然后继续通过上下文处理判定当前用户给出的信息是否足以回答(判定标准是该意图对应的词槽填充是否完备)，发现故障问题描述这个词槽的字典值还缺失，这时，多轮对话状态管理器通过调用将该意图下针对故障问题描述已配置好的对话模板“好的，能描述以下具体的故障问题吗？”，通过人机交互层的智能问答 API 返回给人机交互界面；此时用户回答“现场发现十字头过热了”，会话管理层将该对话保存下来，语义理解模块调用 API 将“十字头过热”这个词槽中对应的字典值抽取出来，作为故障问题描述这个词槽的字典值保存下来，然后继续通过上下文处理判定当前用户给出的信息是否足以回答(判定标准是该意图对应的词槽填充是否完备)，经过判断，发现该意图对应的两个词槽的字典值已填充完备，然后执行查询，返回结果给用户。

3.1.1　业务流程

系统分为游客身份角色(不需要登录)和普通用户身份角色(需要登录)，两种角色权限不同，数据淘金游客角色访问的业务流程如图 3-2 和图 3-3 所示。

用户进入数据淘金系统后，默认角色为游客角色。用户进入系统后，在底部对话框输入需要问的问题。该问题会保存到数据库中，同时作为输入参数调用语义相似度 API，该接口首先与 FAQ 常见模板库中的问题模板进行相似度匹配，通过 Bert 模型，将接收到的用户问句、FAQ 中的问句生成语义向量，针对这两个语义向量进行余弦相似度计算，如果计算出的相似度高于设定的阈值，则直接返回答案；如果计算出的相似度低于设定的阈值，则继续查询。将用户问句经过自然语言处理，命名实体识别，将实体类别替换为对应的实体，将替换后的问句经过分词之后输入到 word2vec 模型里面，得到句向量，再次利用余弦相似度算法将问句向量与数据库中的模板向量进行相似度计算，若大于设定阈值，则返回对应的 ID；若小于阈值则返回−1。

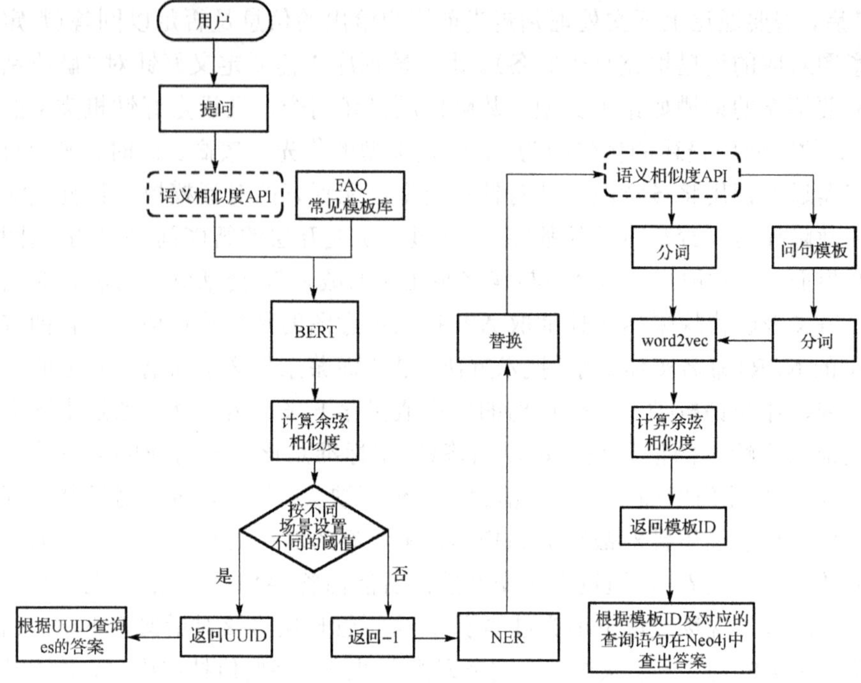

图 3-2 数据淘金游客角色业务流程图 1

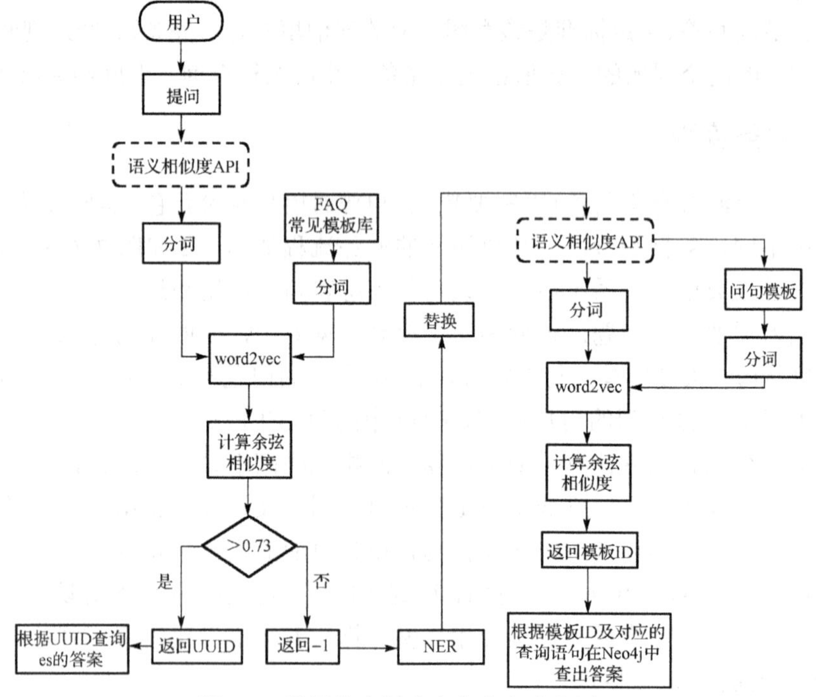

图 3-3 数据淘金游客角色业务流程图 2

普通用户基于公共知识库的问答流程和游客访问的业务流程相同，这里不做赘述。普通用户需要登录，登录后特定场景下基于多轮对话的业务流程如图 3-4 和图 3-5 所示。

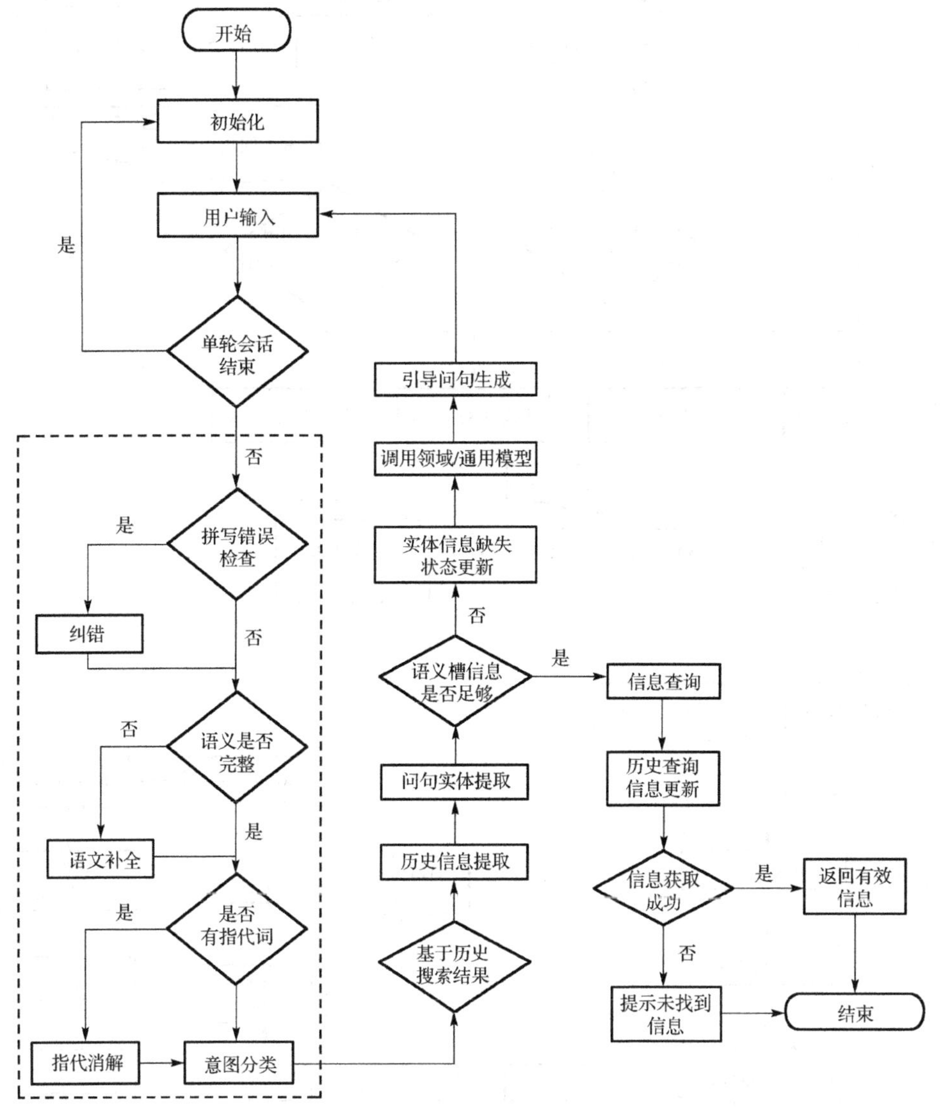

图 3-4　数据淘金普通用户业务流程图 1

用户中文自然语言输入，首先验证用户是否为登录状态，判断当前用户是否存在多轮对话缓存信息，若存在则调用多轮对话服务进行多轮信息回答(进行逻辑 2、3、4 处理)，否则根据用户所单击的多轮场景的唯一标识 ID 进行逻辑流程处理。

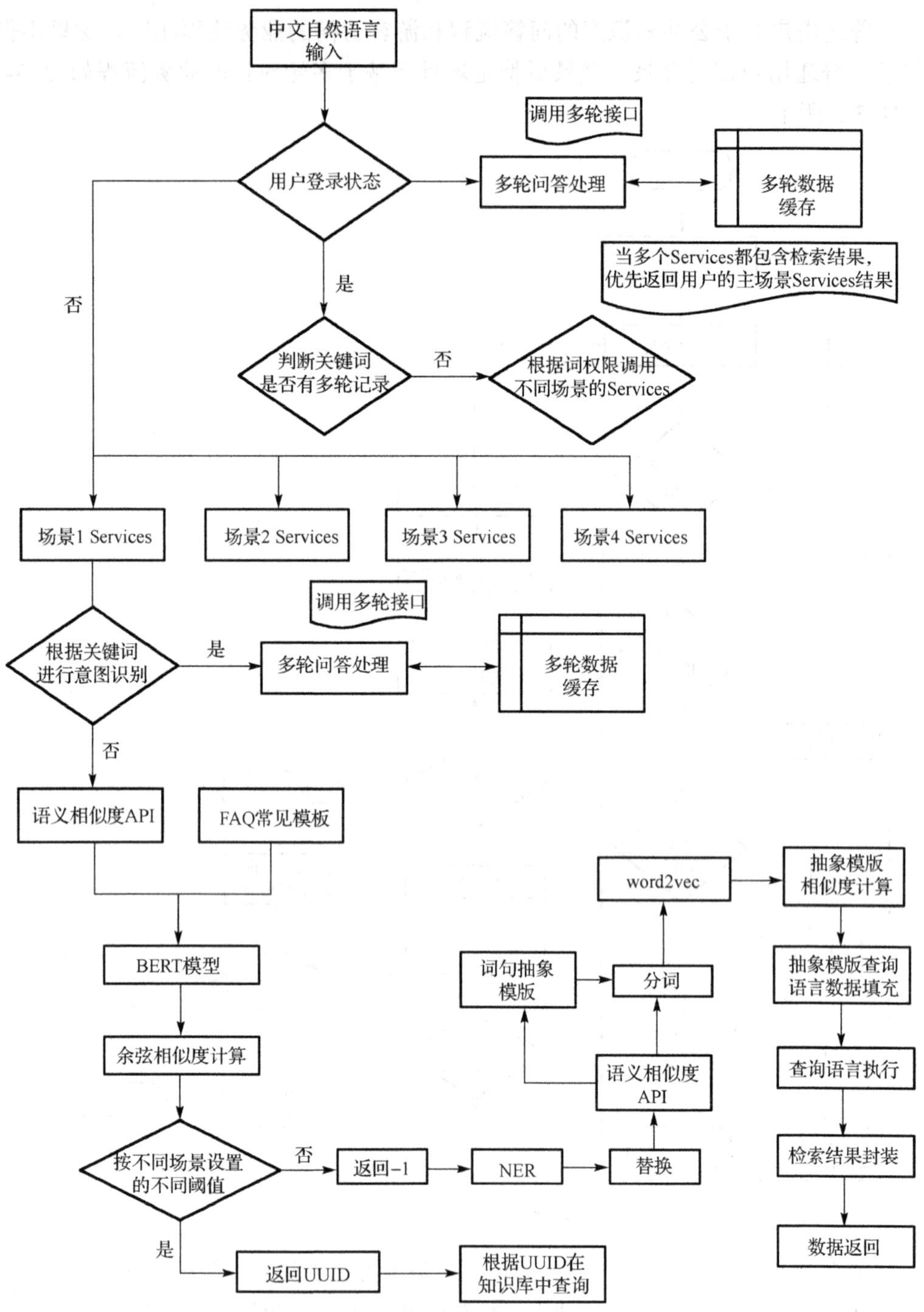

图 3-5　数据淘金普通用户业务流程图 2

(1) 根据唯一标识 ID 进行场景信息查询，包含多轮场景的语义槽信息，根据此信息调用多轮对话处理服务。

(2) 根据多轮对话处理服务返回的信息，封装澄清话术并返回给前端，并且封装当前轮上下文数据存入缓存。

(3) 当多轮对话处理过程中出现用户答非所问或用户输入不正确时，且阈值超过三次时，中断结束用户当前多轮对话。

(4) 当所有语义槽位值用户根据澄清话术填充完全时，多轮对话服务返回的答案槽位、多轮问题槽位和多轮数据表名进行查询语言组合并执行查询语言获得结果，封装结果返回给前端。

针对多个场景服务的用户流程如下。

(1) 用户用中文自然语言输入，首先需要验证用户是否为登录状态，如果已登录，则可以看到该用户下对应的特定业务场景；如果未登录，则标识用户身份为游客身份，默认游客身份只能对客户服务相关问题进行回答。

(2) 用户登录后，首先判断当前用户是否存在多轮对话缓存信息，若存在则调用多轮对话服务进行多轮信息回答(进行逻辑 3、4、5 处理)，否则根据用户所单击的多轮场景的唯一标识 ID 进行逻辑流程处理。需要注意的是，一个用户可能包含多个场景服务，当对用户输入的自然语言问句中的关键词进行意图判断时，系统会对多个场景服务的所有关键词都进行检索，如果多个场景服务都返回检索结果时，有限返回该用户所对应的主场景服务检索出的结果。

(3) 根据多轮对话处理服务返回的信息，封装澄清话术并返回给前端，并且封装当前轮上下文数据存入缓存。

(4) 当多轮对话处理过程中出现用户答非所问或用户输入不正确时，且阈值超过三次时，中断结束用户当前多轮对话。

(5) 当所有语义槽位值用户根据澄清话术填充完全时，多轮对话服务返回的答案槽位、多轮问题槽位和多轮数据表名进行查询语言组合并执行查询语言获得结果，封装结果返回给前端。

(6) 如果对用户输入的自然语言问句进行多轮意图识别时，系统未能找到与该关键词相匹配的多轮数据，则调用语义相似度 API 接口，通过 BERT 模型采用 QQ(question-question)相似度匹配，与数据库中预先设置好的 FAQ 模板库中的问题做相似度匹配，匹配成功则返回该问题对应的 UUID(UUID 唯一)；若匹配不成功，则返回–1，然后对返回–1 的用户输入问题到问题抽象模板库中采用 word2vec 进行相似度计算进行 QQ 匹配，若能匹配成功，则根据抽象查询语言对抽象模板中的命名实体进行数据填充，然后执行查询语言，并对查询后的结果进行语义封装，封装结果返回给前端。

3.1.2 数据流向架构

根据数据淘金的具体业务需求，数据淘金的数据流向分为数据来源层、数据存储层、数据管理层以及应用服务层，具体架构如图 3-6 所示。

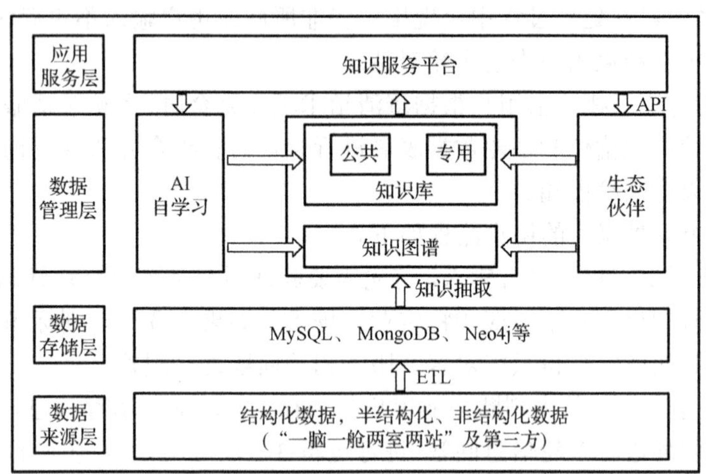

图 3-6　数据淘金数据流向架构图

(1) 数据来源层：数据来源包括文档数据、Web 数据、INDICS 平台数据、工业数据等。

(2) 数据存储层：该层将不同来源的数据存储到 MySQL、MongoDB、Neo4j 等标准化数据库中。

(3) 数据管理层：该层的主要作用是形成知识库，有三种方式，一是提取数据存储层中的数据形成知识图谱，通过知识图谱构建知识库；二是直接接入第三方的知识图谱、知识库；三是将问答系统中用户提出的一些新问题，通过 AI 自学习模块，形成新的知识图谱、知识库。

(4) 应用服务层：该层作为一个平台化的问答系统，为第三方提供访问 API，同时搜集用户的反馈信息，提交给 AI 自学习模块，完善现有知识图谱、知识库。

3.1.3 数据流

数据淘金将结构化与非结构化数据按照业务需求进行存储与管理。数据淘金数据流向图如图 3-7 所示。

数据淘金拥有一套完整的流程对文本数据进行抽取以提高获取数据的效率，其具体流程如图 3-8 所示。

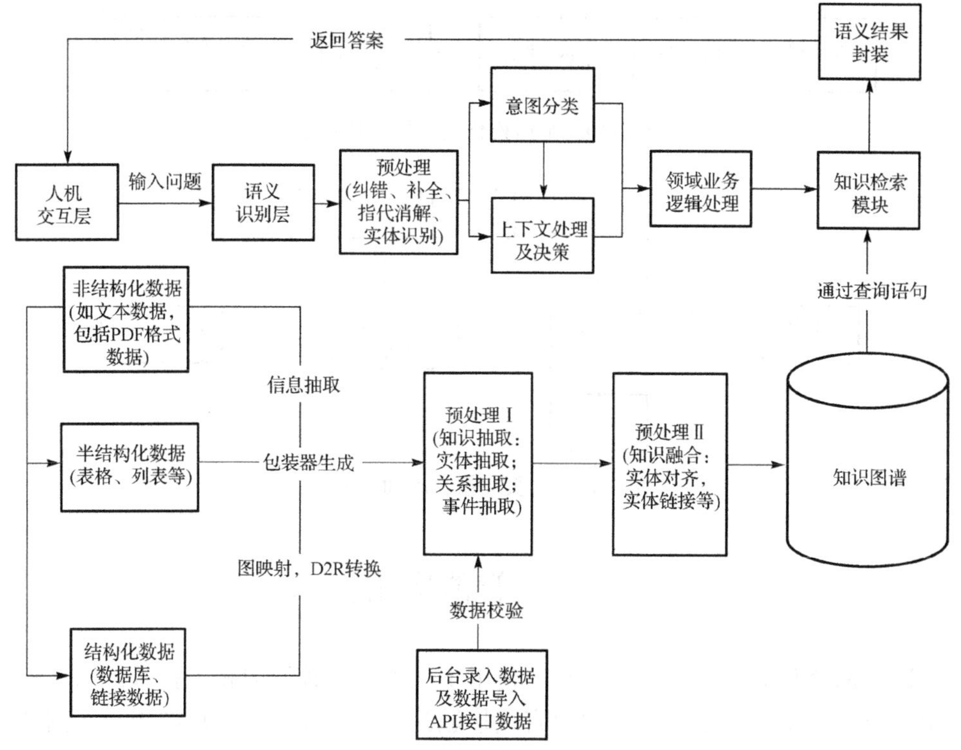

图 3-7　数据淘金数据流向图

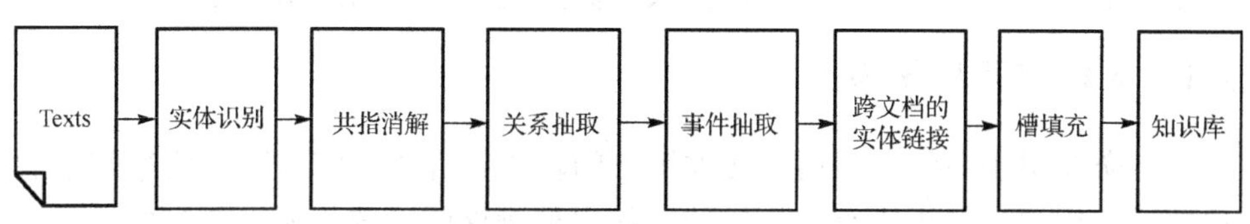

图 3-8　数据淘金文本数据抽取图

半结构化数据是指类似于百科、商品列表等本身存在一定结构但需要进一步提取整理的数据。半结构化数据抽取流程如图 3-9～图 3-11 所示。

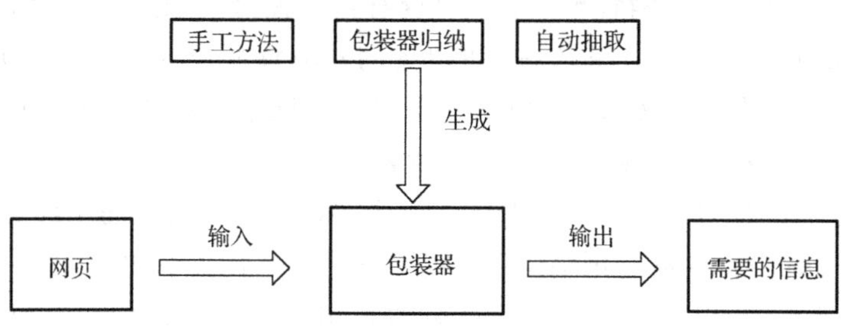

图 3-9　半结构化数据抽取流程 1

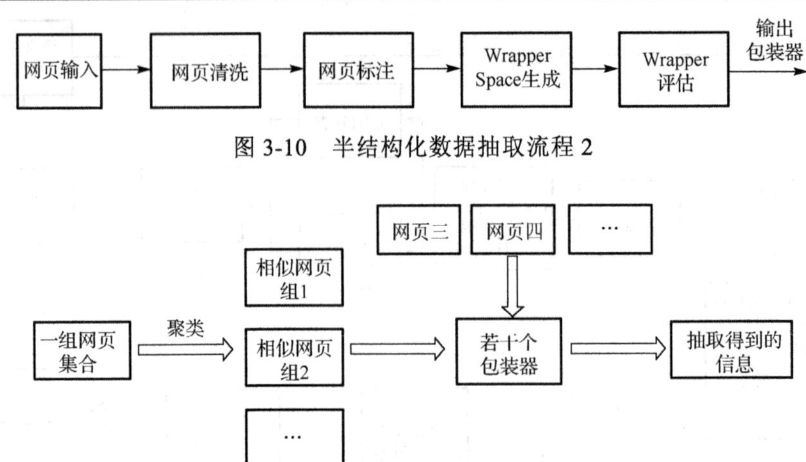

图 3-10　半结构化数据抽取流程 2

图 3-11　网页数据自动抽取流程

3.2　人工智能应用技术

数据淘金作为一个完整的产品，使用了人工智能领域的相关技术。它包含数个提供不同功能的子系统，如用户直接接触的人机交互系统，理解用户意图的语义识别与语义理解系统，以及后台知识库管理的知识图谱系统等。各个子系统相互协作，给用户提供一个涵盖数据接入到数据展示、数据应用的完整产品。

3.2.1　人机交互层子系统

人机交互层子系统主要用于接收用户的输入，并将系统返回的信息使用适当方式展示给用户，是用户直接接触的、使用最频繁的系统。人机交互层子系统直接影响用户对数据淘金产品的体验。

1. 详细功能点

(1)用户注册登录注销管理。用户要查看自己拥有的账户下对应的数据，需要登录之后才能查看，用户登录之后，可以提问获取该账户权限下对应的数据(客户独有的数据+公共开放的数据)，用户在不登录情况下，默认为游客身份。用户登录后单击退出，退出当前账户，恢复到游客身份。

(2)自动语音转文本(ASR)。用户单击底部显示语音功能的图标后，系统接入麦克风并通过调用百度语音识别接口，实现自动语音转文本功能。用户按住可以输入语音，用户手移开，输入结束，并将内容发出，在界面上展示语音转换的文字。

(3)输入对话框功能。用户通过输入对话框进行提问，默认为文字输入状态，内容至多输入 100 字，提供“发送”按钮(建议可用图标)，用户输入之后需要单击“发送”按钮，内容为空不能发送。

(4) 顶部推荐位。显示当前服务场景下归类的模块名称+图标(模块名称、图标是固定的)，会整理提供模块名称产品，图标需要根据模块名称设计，左右滑动可以看到更多模块。用户单击某个模块(单击范围为模块对应的整个图块)之后，由用户角度发送一个模块对应的文字,然后系统返回对应的答案(答案内容是固定的，产品后续整理之后提供)，用户切换服务场景，展示的内容也会改变。

(5) 典型问法展示位。显示当前服务场景下的典型问法，主要引导提问(各个场景下的内容是不同的，但内容是固定的)，用户一旦成功提问，该内容不再展示，用户切换服务场景，展示的内容也会改变。

(6) 底部推荐位。显示当前服务场景下的典型问题(各个场景下的问题是不同的，但问题是固定的，会在对应服务场景的数据中去选择较为典型、内容比较好的)，用户切换服务场景，展示的内容也会改变。

2. UML 用例图

UML 用例图捕捉了模拟系统中的动态行为，并且描述了用户、需求以及系统功能单元之间的关系。数据淘金的 UML 用例图如图 3-12 所示。

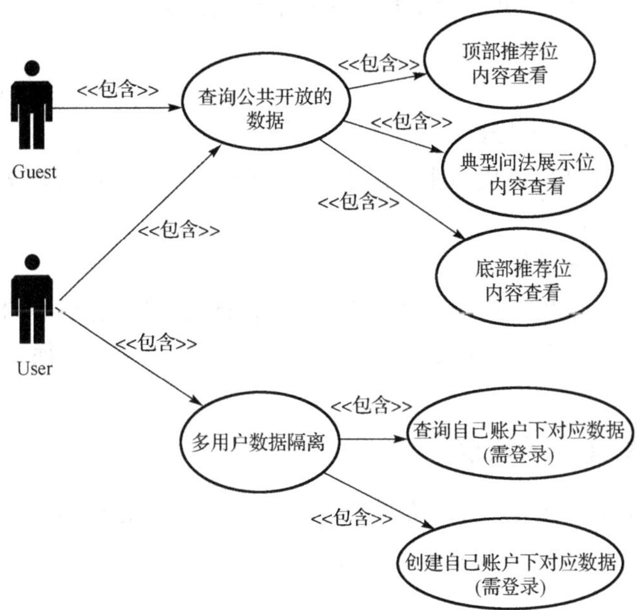

图 3-12　数据淘金的 UML 用例图

3.2.2 语义识别层子系统

语义识别是自然语言处理(NLP)技术的重要组成部分之一，语义识别的核心除了理解文本词汇的含义，还要理解这个词语在语句、篇章中所代表的意思，这意味着语义识别从技术上要做到文本、词汇、句法、词法、篇章(段落)层面的语义分析和歧义消除，以及对应的含义重组，以达到识别本身的目的。

数据淘金语义理解子模块对外接口设计如下所示。

(1)分词接口。本接口用于人机交互系统，对用户输入问题进行分词操作。

(2)命名实体识别接口。本接口用于人机交互系统，对用户输入问题进行命名实体识别操作。

(3)依存句法分析接口。本接口用于人机交互系统，对用户输入问句进行依存句法分析操作。

3.2.3 知识检索层子系统

知识检索是综合应用信息管理科学、人工智能、认知科学及语言学等多学科的先进理论与技术，基于知识和知识组织，融合知识处理和多媒体信息处理等多种方法与技术，充分表达和优化用户需求，能高效存取所有媒体类型的格式(文本、图像、视频、声音等)，并能准确精选用户需要的结果。

1)对外接口

(1)检索接口。

(2)语义相似度匹配接口。

(3)答案封装接口。该接口主要用于将基于模板匹配方式的答案结果封装成自然语言。

2)对外接口详细设计

(1)检索接口。本接口用于人机交互模块，根据传入的问题获取机器人的回答。

(2)答案封装接口。答案封装服务主要用于数据格式，如换行、图片的标签拼接。

3.2.4 知识图谱层子系统

知识图谱层子系统是知识库的核心，在知识图谱层存储的是经过提炼的知识以及具体数据信息。数据淘金知识图谱层子系统详细功能包含以下几部分。

1. 知识抽取

知识抽取，即从不同来源、不同结构的数据中进行知识提取，形成知识(结构化数据)存入到知识图谱。知识抽取任务分类如图 3-13 所示。

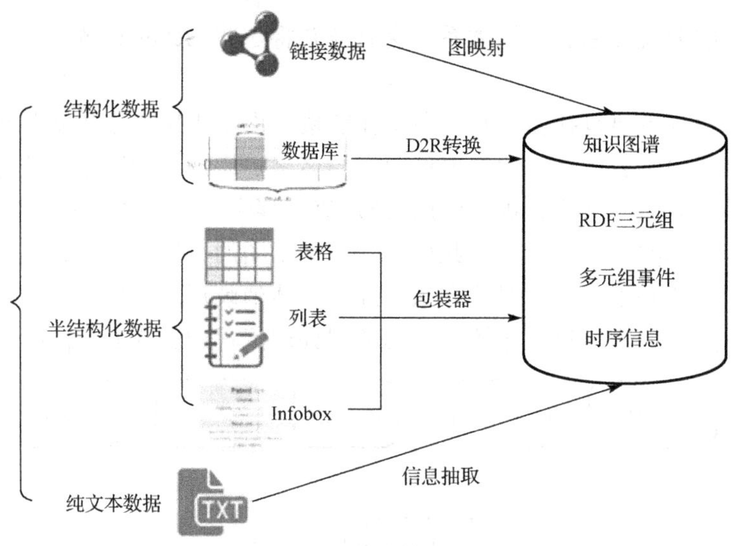

图 3-13　知识抽取任务分类

知识抽取子任务包括命名实体识别(NER)、实体分类、关系抽取、事件抽取、属性/属性值抽取。

命名实体识别即实体抽取，指的是从原始数据语料中自动识别出命名实体。由于实体是知识图谱中的最基本元素，其抽取的完整性、准确率、召回率等将直接影响到知识图谱构建的质量。

2. 语义类抽取

从文本中自动抽取信息来构造语义类并建立实体和语义类的关联，作为实体层面上的规整和抽象。有一种行之有效的语义类抽取方法，包含三个模块：并列度相似计算、上下位关系提取以及语义类生成知识融合。

属性提取的任务是为每个本体语义类构造属性列表，而属性值提取则为一个语义类的实体附加属性值。属性和属性值的抽取能够形成完整的实体概念的知识图谱维度。

关系抽取的目标是解决实体语义链接的问题。关系的基本信息包括参数类型、满足此关系的元组模式等。

3. 知识融合

知识融合是指将来自多个来源的关于同一个实体或概念的描述信息融合起来。知识融合按照融合的层面又分为 Schema 融合和数据层融合。

Schema 融合是指语义描述层知识融合。当存在一个集合的知识源，每个知识源使用不同的分类体系和属性体系，这时需要将这些 Schema 统一成一个全局的 Schema。

数据层融合主要包括实体对齐和实体链接。由于识别出来的实体可能是实体的部分表示或另类表示，因此需要结束表层名字扩展、搜索引擎、构建查询实体引用表等技术来对候选实体进行生成。经过该步骤生成的实体可能有多个候选项，因此需要对候选实体进行消歧，此处可使用基于图的方法，基于概率生成模型、基于主题模型或基于深度学习的方法。经过实体消歧后得到的唯一实体候选后就可以与知识库中的实体进行链接了。其数据处理流程如图 3-14 所示。

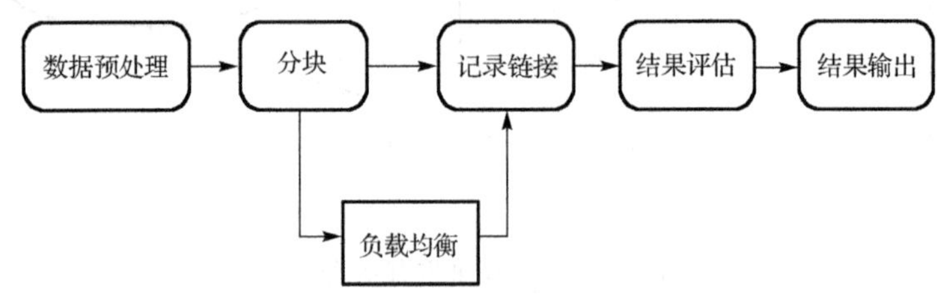

图 3-14　数据处理流程

实体链接是将一段文本中的某些字符串映射到知识库中对应的实体上。在很多时候，存在同名异实体或者同实体异名的现象，因此这个映射过程需要进行消歧，实体链接一般已经识别出实体名称的范围，需要做的工作主要是实体的消歧。数据淘金的实体链接流程如图 3-15 所示。流程说明如下。

(1) 知识存储。知识图谱的知识(数据)通常存储在图数据库中。图数据库的基本含义是以“图”这种数据结构存储和查询数据。它的数据模型主要是以节点和关系(边)来体现，也可以处理键值对。它的优点是能快速地解决复杂的关系问题。

(2) 知识表示。知识表示就是将知识符号化并将其输入计算机的过程和方法。它包含两层含义：①用给定的知识结构，按一定的原则、组织表示知识；②解释所表示知识的含义。

(3) 知识校验。知识图谱构建不是一个静态的过程，需要不断地加入新知识和及时地更新动态知识。这时，需要判断新知识是否正确以及新知识和已有知识是否一致，因此需要进行知识校验。知识校验贯穿于整个知识图谱构建的全过程中。其中一致性是指正确的答案应与其他知识相容无冲突。一种解决方案是利用马尔可夫逻辑网络(MLN)，所有陈述按逻辑规则相互链接，将知识与知识之间的约束建模为逻辑规则，对这些规则赋予权重表示违反该条规则的代价，一条知识与当前知识图谱的相容性取决于其违反逻辑规则的多少和重要性。

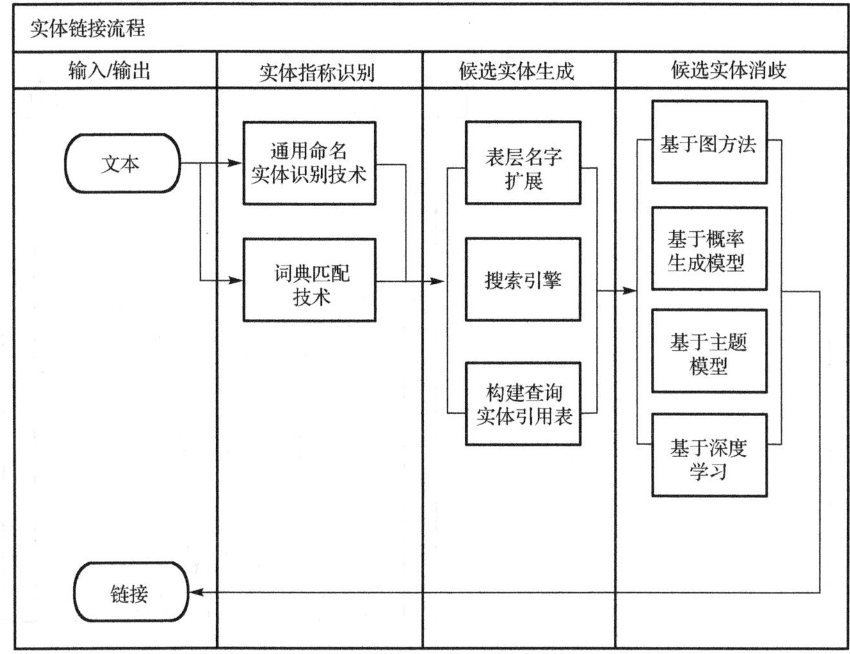

图 3-15　数据淘金的实体链接流程

(4) 数据导入 API 接口。

(5) 数据库权限管理。

(6) 后台数据管理。

权限管理属于系统安全的范畴，权限管理实现对用户访问系统的控制，按照安全规则或者安全策略控制用户可以访问而且只能访问自己被授权的资源。权限管理包括用户身份认证和授权两部分，简称认证授权。对于需要访问控制的资源用户首先经过身份认证，认证通过后，用户具有该资源的访问权限方可访问。图 3-16 展示了数据淘金的数据权限检查流程。

提供接口如下。

(1) 智能问答接口：用于人机交互界面中机器人答复。

(2) 检查登录状态接口：用于检查是否登录，未登录时，默认为游客身份；登录后，可查看该账户权限下对应数据。

(3) 注销登录接口：用于用户登录后注销当前登录，注销后，恢复游客身份。

(4) 登录接口：用于用户输入账号和密码后登录系统。

(5) 语音转文本接口：本项目采用调用百度语音识别接口。

(6) 底部热点问题推荐内容查询接口。

(7) 顶部推荐内容查询接口。

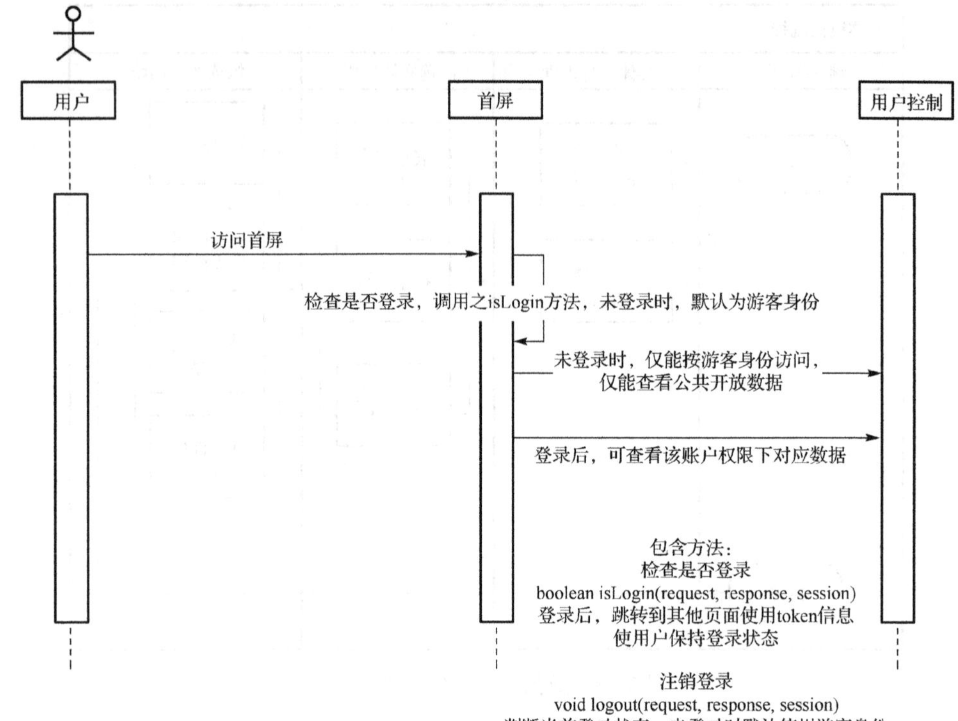

图 3-16　数据淘金的数据权限检查流程

3.2.5　会话管理层子系统

会话管理层子系统的任务就是组织和协调两个会话进程之间的通信，并对数据交换进行管理。它允许用户在两个实体设备之间建立、维持和终止会话，并支持它们之间的数据交换。

1. 主要功能

(1)用户输入问句和机器人答复的存储。

(2)为后期做用户画像提供数据支撑。

(3)为系统优化提供数据支撑。

2. 对外提供的数据与所需接口

1)数据

将当前用户输入的问题数据和智能问答接口中机器人的答复数据写入到数据库中，同时在用户本地浏览器的cookie里保存一份用户历史聊天记录数据。图3-17展示了一种本地 cookie 的存储方式。

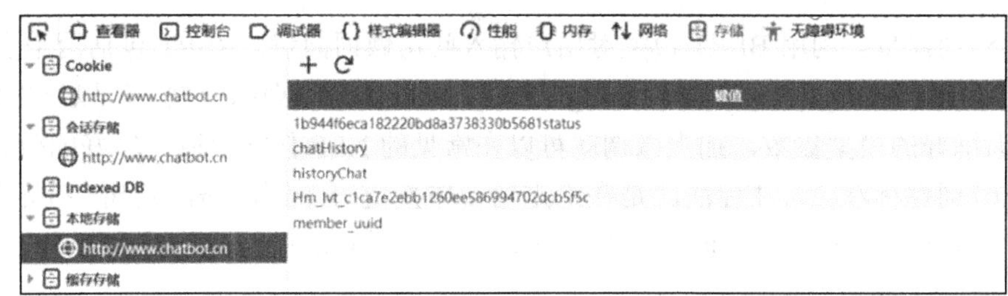

图 3-17 一种本地 cookie 的存储方式

2) 所需接口

对于登录账户，提供保存聊天记录到数据库中的写入接口，注意写入数据库中的数据需附带用户账号，考虑到只有登录账户在特定场景下提问才会产生多轮对话，没有账户的用户聊天记录不用保存到数据库中，为语义识别层中多轮对话场景提供数据支撑。

3.2.6 语义理解层子系统

语义理解层子系统包括语义理解子模块和问句预处理模块以及多轮对话状态管理模块。语义理解模块的主要功能是对用户提出的问题进行自然语言理解(NLU)。该模块包括问题分类功能，分词及词性标注功能，句法分析和命名实体识别功能，关键词提取(实体抽取、属性/属性值抽取、关系抽取)功能，模块中各子功能以接口形式提供给其他模块调用。通过对提取结果的分析比较，来衡量机器对浅层语义的理解能力。

1. 语义理解子模块所需接口

本项目采用开源框架作为语义理解子模块的基础工具包。利用该工具包封装并提供语义理解子模块接口如下。

(1) 分词接口。中文分词技术将每一个词从句子里单独切分出来，用一个专业性的描述就是中文分词系统的输入是连续的字符串。

(2) 命名实体识别接口。命名实体识别(NER)是信息提取的一个子任务，旨在将文本中的命名实体定位并分类为预先定义的类别，如人员、组织、位置、时间表达式、数量、货币值、百分比等。

(3) 关键词提取。在信息检索中，准确的关键词提取可以大幅地提升效率，为了精确地提取一篇文档中的关键词，需要有一整个语料库来提供支持。

(4) 依存句法分析。依存语法(dependency parsing, DP) 通过分析语言单位内成分之间的依存关系揭示其句法结构。直观来讲，依存句法分析识别句子中的“主、谓、宾、定、状、补”这些语法成分，并分析各成分之间的关系。

(5) 词向量。利用 BERT 模型对用户输入问句做词向量。BERT 包括两个步骤：预训练 Pre-training 和微调 fine-tuning。BERT 可以作为预训练模型，所以只需要使用预训练好的模型参数，加上微调就可以在常见的 NLP 任务上取得较好的效果。

(6) 词性标注。词性标注就是在给定句子中判定每个词的语法范畴，确定其词性并加以标注的过程，这也是自然语言处理中一项非常重要的基础性工作。

2. 问句预处理子模块所需接口

问句预处理子模块需要根据上下文语义对问句进行纠错、问句补全、指代词消解处理。

问句纠错是指当用户输入的问句中存在错别字时，能够识别出用户的问句输入错误信息，并将错误信息进行替换的过程。

问句补全是指用户在上 n 个 (n>1 并且 n<3) 历史问题中输入了一个完整的问句，当用户在当前问题中输入的问题不完整时应能予以补全问句信息，是使计算机能够运用语义理解子模块的相关接口对当前问句的意图进行很好识别的过程。例如，用户上一句问："天津的天气怎么样？"，这一句又问："成都呢？"，此时，需要利用上下文信息对该问句补全为"成都的天气怎么样？"。

指代作为一种常见的语言现象，广泛地存在于自然语言的各种表达中。本书所指的指代词消解是指显性指代消解，是指当前的照应语与上下文出现的词、短语或句子 (句群) 存在密切的语义关联性，指代依存于上下文语义中，在问句上下文中确定显性代词指向哪个名词短语的问题。本书主要解决回指，不解决预指。

应按照要求实现上述功能接口：①纠错；②问句补全；③指代词消解。

3. 多轮对话状态管理子模块所需接口

多轮对话状态管理子模块包括特定场景下意图识别判断，同时记录于在特定场景下对当前用户输入的已知信息及状态，通过预先设置好的匹配意图和词槽，引导用户对缺失的词槽进行信息完善，最终根据全部信息调用知识检索层子系统的检索接口，实现多轮对话功能。负责对话状态跟踪，根据当前的对话状态 (从历史对话内容更新获得)，决定如何进行下一轮对话 (或直接采取动作)。

按照要求实现上述功能接口如下。

(1) 当前场景下意图识别的接口。

(2) 根据上一个接口需提供意图对应的词槽和该词槽对应的字典值。

(3) 根据用户当前已提供信息和该意图下对应的词槽进行比对，当有缺失值时，找到缺失词槽的业务逻辑；当没有缺失值时，调用查询接口的业务逻辑。

3.3　数据库系统设计

数据库系统数据存储原则：对于不需要进行关系延伸计算的数据不放入图谱，这些数据可使用适应的存储并与知识图谱中实体链接；对于结构固定、实体属性信息丰富的实体类，使用其他数据库存储更能体现优势。

3.3.1　核心表设计

知识图谱是基于图的数据结构，其存储方式主要有两种：RDF 存储和图数据库(graph database)。本项目主要采用 Neo4j 和 MySQL 相结合的方式存储。其中 MySQL 主要表结构为 question_dict(问题分类表)、knowledge_base(知识库表)、question_index（问题索引表)、entity_link（实体名称-查询链接表)以及 synonym_expansion（同义词扩展表)，其结构如表 3-1～表 3-5 所示。

表 3-1　问题分类表

字段名	字段类型	备注
id	int(10)	主键
type	int(10)	问题类别
question_keyword	varchar(32)	问题关键词
template	longtext	答案模板

表 3-2　知识库表

字段名	字段类型	备注
id	int(10)	主键
content	longtext	知识内容
content_keyword	varchar(32)	知识关键词
knowledge_type	int(11)	知识类型
model	varchar(32)	模型
source	varchar(32)	来源
create_time	timestamp	创建时间

表 3-3　问题索引表

字段名	字段类型	备注
id	int(10)	主键
version	float	版本号
question_index	int(10)	问题索引号
type	int(10)	问题类别
question	longtext	问题文本
context_information	longtext	上下文信息
call_classification	int(11)	调用分类

表 3-4　实体名称-查询链接表

字段名	字段类型	备注
id	int(10)	主键
entity	float	实体
question_index	int(10)	链接
triad_index	varchar(100)	三元组表索引值

表 3-5　同义词扩展表

字段名	字段类型	备注
id	int(10)	主键
type	float	1—实体；2—属性；3—关系
name	varchar(25)	实体/属性/关系名称
synonym	varchar(100)	同义词

3.3.2　用户权限与数据审核设计

本节主要讨论数据淘金用户权限、数据权限。数据淘金对不同的用户赋予不同的数据权限来保证用户数据访问的正确性与安全性。

1. 流程说明

1) 选取候选实体(创建关系时)

根据实际需求，以关系较少的节点作为基准节点，减少去重和查询时间。

(1) 从 MySQL 中查出候选实体(不用基准实体当节点作为过滤条件，只用关键词过滤)，查出与当前实体类型相关类型的实体。

(2) 从 Neo4j 中查出候选实体，过滤条件同上，并去除(1)中结果包含的实体。

(3) 把(2)中的实体合并到一个列表，去重。

(4) 从(3)中去除 MySQL 中和基准实体相连(有直接关系)的实体(包括在创建关系时，从 Neo4j 中同步来的实体，下面将详细说明)，由于基准实体并未同步到 Neo4j(同步到 Neo4j 的实体已经不允许修改了，这里的基准实体肯定没同步到 Neo4j)，所以来自 Neo4j 剩余的实体不可能和基准实体有关系，不用进一步剔除。

(5) 把(4)中获得列表取前 20 条返回。

2) 创建关系

(1) 在创建关系时，MySQL 中不存在的实体(即候选实体来自于 Neo4j)需要从 Neo4j 同步到 MySQL 中，并将状态设置为 3(已从 Neo4j 同步)。

(2) 在某些极端情况下，如在进行选取候选实体后，有超级管理员直接删除了 Neo4j 中的相应实体，系统应当向前端提示错误，并写入日志。不过这种情况应该很少发生，超级管理员不应该随意直接修改 Neo4j 数据库。

3) 创建实体时一致性与状态操作

(1) 需要同时检查 MySQL 和 Neo4j 中是否存在同名实体。

(2) 新创建的实体状态设置为 0(未审核)。

4) 数据审核

审核通过的数据，将状态设置为 1(已审核)。

5) 数据从 MySQL 同步到 Neo4j(图谱构建)

(1) 从 MySQL 选出状态为 1(已审核)的实体。

(2) 为了避免从其他渠道录入 Neo4j 的数据实体名与(1)中的实体名称重复，在导入前需做一次监测，并将出现重复实体名称的实体(MySQL 中)状态设置为 −1(冲突)。为了使每次监测的实体数量尽可能少，每一次数据同步操作的时间戳应该被记录下来，下一次比对只需比对上一次比对之后进入 Neo4j 的实体。已导入 Neo4j 的实体在 MySQL 中将状态设置为 2(已导入 Neo4j)。

(3) 查询出起点终点状态值都大于 1 的关系(保障导入时关系的两边的节点都存在)。

(4) 为了防止其他人员直接删除 Neo4j 的实体，导致关系创建失败，在构建时需要去掉此类关系(即有节点不存在了的关系)，并向前端提示，同时记录到日志。注意：通常情况下，不允许数据库管理人员直接操纵 Neo4j 删除数据。

(5) 将关系导入 Neo4j。

6) 冲突解决

为了解决第 5) 步 MySQL 中状态为 −1 的实体(冲突的实体)，特设计流程如下。

(1)检索出 MySQL 中状态为–1 的实体。

(2)根据实体名在 Neo4j 中检索。

①如果不存在(表明 Neo4j 中冲突的实体被其他人操作删除了)，则直接将 MySQL 中的实体状态设置为 1(已审核)。

②如果存在，则通过用户界面选择使用 MySQL 或是 Neo4j 版本，同时为了保证 Neo4j 中实体的 UUID 和 MySQL 中的一致，需将 MySQL 中对应实体的 UUID 及相关关系中的 UUID 都改为 Neo4j 中的 UUID。

注意：选用 MySQL 版本只用更改 MySQL 中的 UUID；如果选用 Neo4j 的版本，还需将 JSON 存入 MySQL。

在执行完第 6)步后，重新执行第 5)步。

2. 实体状态说明

数据淘金采用不同的状态码来表示不同的用户信息，其具体释义如表 3-6 所示。

表 3-6 实体状态说明

状态码	说明
0	已创建，未审核
1	已审核
2	已从 MySQL 导入到 Neo4j
3	已从 Neo4j 导入到 MySQL
–1	冲突

1)角色与权限

数据淘金对不同的用户角色定义相关的用户数据访问权限，其具体释义如表 3-7 所示。

表 3-7 角色与权限说明

角色名称	权限
超级管理员	数据审核、数据同步(图谱构建)、冲突解决
录入员	实体增删改查、关系增删改查

2)数据表设计

数据淘金用户权限主要相关表包括实体表、角色表以及角色权限表。详细表信息如表 3-8～表 3-10 所示。

表 3-8 实体表

字段	含义	数据类型	长度
id	实体 id(只用于 MySQL)	int	11
UUID	实体 UUID	varchar	40
name	实体名称	varchar	1000
type_id	实体类型 ID	int	11
create_time	创建时间	timestamp	0
update_time	更新时间	timestamp	0
organization_id	公司组织 ID	int	11
creator_id	创建者 ID	int	11
data_json	数据 json	varchar	10000
status	状态	int	2

表 3-9 角色表

字段	含义	数据类型	长度
id	ID	int	11
role_id	角色 ID	int	11
role_name	角色名称	varchar	11

表 3-10 角色权限表

字段	含义	数据类型	长度
id	ID	int	11
name	方法名称	varchar	64
description	方法描述	varchar	20
permission_method	权限方法	varchar	64
role_id	角色 ID	int	11

3. 关键流程图

数据淘金实体消歧按照给定的流程进行自判断，其关键流程图如图 3-18 所示。

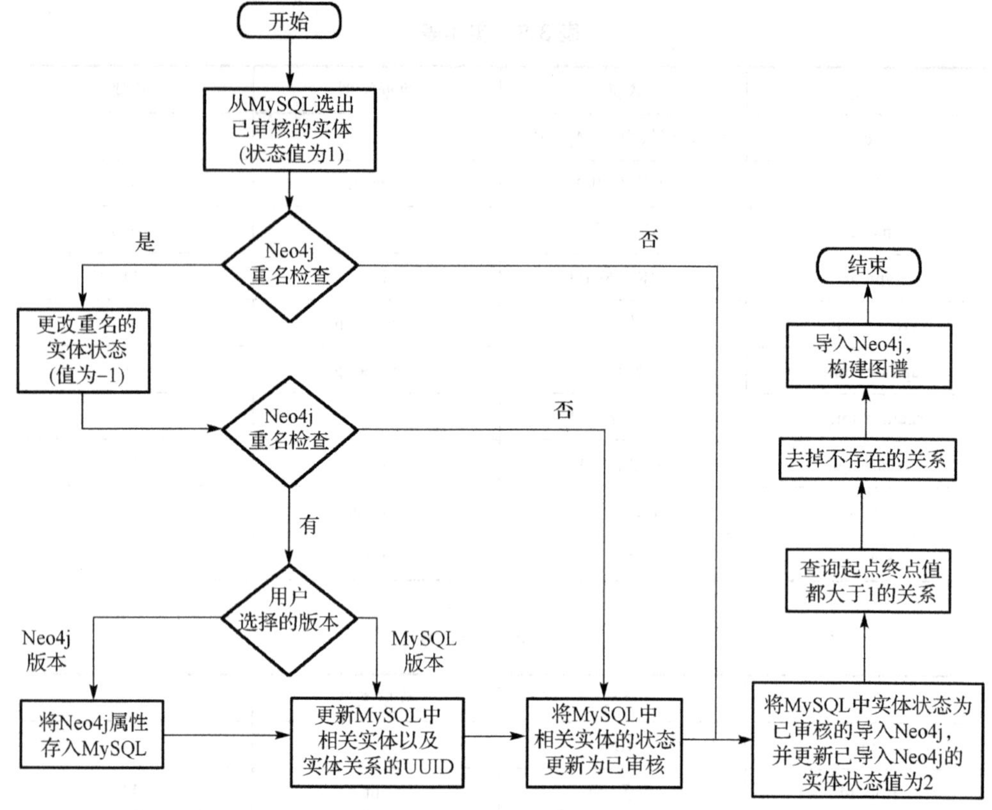

图 3-18　数据淘金关键流程图

3.3.3　关键接口设计

本节主要讨论数据淘金数据库系统的关键接口，主要包括多轮对话相关接口和查询 API。

1. 多轮对话相关接口

1) 多轮对话信息提取与流程处理

多轮对话请求格式如表 3-11 所示。

表 3-11　多轮对话请求方式

功能描述	基于语义槽的多轮对话流程控制与信息提取(后台调用)
请求方式	POST

多轮对话请求信息参数如表 3-12 所示。

表 3-12　多轮对话请求信息参数

名称	类型	是否必填	描述
last_inf	string	Y	上一个完整对话信息
cur_inf	string	Y	当前对话轮信息
entity_inf	string	Y	当前对话所对应语义槽信息
question	string	Y	问句字符串

其中，entity_inf 为 json 字符串形式(在数据库 semantic_slot 表 slot 列中进行设置)，其格式如下。

```
{
    "列 1 名称":"defineName_1 中文名称_1 引导问句@@@@@点选提示语@@@@@
选项 1@@@@@选项 2…@@@@@选项 N",
    "列 2 名称":"defineName_2 中文名称_2 引导问句@@@@@点选提示语@@@@@
选项 1@@@@@选项 2… @@@@@选项 N",
    ...
}
```

last_inf 为 json 字符串形式，其中包含上一个完整多轮对话所对应的信息，若无上一完整多轮对话信息，则需指定 last_inf 为当前对话轮所对应初始化 json 字符串(其对应内容问“空字符串”)。

例如：

```
{
    "列 1 名称": "",
    "列 2 名称": "",
    "列 3 名称": "",
    "列 4 名称": "",
    ...
}
```

cur_inf 为 json 字符串形式，其中包含当前多轮对话所提取到的信息，初始状态如下所示。

例如：

```
{
    "列 1 名称": "",
    "列 2 名称": "",
    "列 3 名称": "",
```

```
        "列 4 名称": "",
        ...
    }
    return:
    json 字符串形式返回:
    {
    cur_inf:{
        列名称 1:"XXX",
        列名称 2:"XXX",
        列名称 3:"XXX",
        ...
    }
    next_question:"XXX",
    status_code:XXX
    }
```

其中包含多轮对话请求返回信息如表 3-13 所示。

表 3-13　多轮对话请求返回信息

名称	类型	描述
cur_inf	string(列表信息)	当前对话轮已提取到的语义槽对应信息
next_question	string	基于上一轮对话信息需对用户询问的下一个问题与相应的指示信息
status_code	string	状态码，−1 表示用户终止对话，0 表示信息已补全，1 表示需继续进行引导问答

2) 多轮对话场景判断

多轮对话场景判断请求方式如表 3-14 所示。

表 3-14　多轮对话场景判断请求方式

功能描述	计算句子的语义相似度
请求方式	POST

多轮对话场景判断请求参数如表 3-15 所示。

表 3-15　多轮对话场景判断请求参数

名称	类型	是否必填	描述
question	string	Y	用户问题
sceneId	string	Y	场景 ID

返回值：
json 字符串数组形式返回，示例如下所示。
非多轮对话时返回：

```
{
        "intent_id": "-1",
        "result_type": -1
}
```

多轮对话时返回：

```
{
        "intent_id": "2",
        "result_type": 1
}
```

其中包含多轮对话场景判断请求返回信息如表 3-16 所示。

表 3-16　多轮对话场景判断请求返回信息

名称	类型	描述
intent_id	string	多轮对话场景 ID，1 表示宁江机床故障，2 表示宏华泥浆泵维护保养
result_type	int	结果类型，1 表示正常，–1 表示无答案，其他表示特殊情况

3) 中文依存句法分析
中文依存句法分析请求方式如表 3-17 所示。

表 3-17　中文依存句法分析请求方式

功能描述	对问句进行依存句法分析(后台调用)
请求方式	POST

中文依存句法分析请求参数如表 3-18 所示。

表 3-18　中文依存句法分析请求参数

名称	类型	长度	是否必填	描述
question	string	/	Y	问句字符串

返回值：

```
json 字符串形式返回：
{
question:"XXX",
```

```
    info:[
    {
       word:"XXX",
       POS:"XXX",
       ID:"XXX",
       relation:"XXX"
    }
    {
       word:"XXX",
       POS:"XXX",
       ID:"XXX",
       relation:"XXX"
    }
    …
    ]
    }
```

其中包含中文依存句法分析请求返回参数如表 3-19 所示。

表 3-19　中文依存句法分析请求返回参数

名称	类型	描述
question	string	进行简称—全称替换后的问句
word	string	问句中对应词汇
POS	string	词汇对应词性
ID	int	关系 ID
relation	string	关系具体名称

4) 语义相似度计算请求方式

语义相似度计算请求方式如表 3-20 所示。

表 3-20　语义相似度计算请求方式

功能描述	计算句子的语义相似度
请求方式	POST

语义相似度计算请求参数如表 3-21 所示。

表 3-21　语义相似度计算请求参数

名称	类型	长度	是否必填	描述
question	string	/	Y	用户问题
use_type	int	/	N	用途类型字段

返回值：

json 字符串数组形式返回，示例如下所示。

(1) use_type=0。

未找到答案返回：

```
{
"similar_data":
    [
    {"similar_id": "-1",
    "score": "-1",
    "result_type": -1,
    "channel_id": 1,
    "table_name": "common_faq"}
    ],
"recommend_list":
    [
    "航天信息股份有限公司的基础信息",
    "航天信息股份有限公司的介绍",
    "来源于 INDICS 平台的数据不是公司全部的交易数据，数据不齐全导致分析
    不全面怎么办？",
    "集团二级单位管理员账号是否能看到所有下属企业的发布情况吗？"
    ]
}
```

找到答案返回：

```
{
"similar_data":
    [
    {"similar_id": "50979a82674411e98611005056a547ed",
    "score": "0.9185373475428357",
    "result_type": 0,
    "channel_id": 1,
    "table_name": "common_faq"}
    ],
"recommend_list":
    [
    "云端业务工作室入口在哪里？",
    "云端业务工作室发布的能力有监管吗？",
    "云端业务工作室总体业务流程中具体每一步的操作是怎样的？",
    "云端业务工作室有哪些主要版块？",
```

```
    "云端业务工作室总体业务流程是怎样的？"
    ]
}
```

(2) use_type=1。

未找到答案返回：

```
{
"similar_data":
    [
    {"similar_id": "-1",
    "score": "-1",
    "result_type": -1,
    "channel_id": 1,
    "table_name": "common_question_template_cn"}
    ],
"recommend_list":
    [
    "enhss中enhp内容",
    "enhss"
    ]
}
找到答案返回：
{
"similar_data":
    [
    {"similar_id": "86",
    "score": "1.0",
    "result_type": 0,
    "channel_id": 1,
    "table_name": "common_question_template_cn"}
    ],
"recommend_list":
    [
    "htkg有多少子公司",
    "htkg下级公司",
    "enhts子公司有哪些",
    "enhts有多少子公司",
    "enhts下级公司"
```

```
        ]
    }
```

其中包含语义相似度计算请求返回参数如表 3-22 所示。

表 3-22　语义相似度计算请求返回参数

名称	类型	描述
similar_id	string	相似句子 ID，FAQ 为 UUID，模板为数据库编号
score	string	与问句的相似度得分
result_type	int	结果类型，0 表示正常，–1 表示无答案，其他表示特殊情况
channel_id	int	来源渠道 ID，1 表示航天科工，2 表示宏华，3 表示宁江
table_name	string	答案所在的数据库表名
recommend_list	list	相似问题推荐列表

5) 用户问题答案反馈

用户问题答案反馈请求方式如表 3-23 所示。

表 3-23　用户问题答案反馈请求方式

功能描述	该接口用于标记机器人回答是否解决用户问题。例如，在聊天界面上，机器人回答下方通常有两个按钮"已解决"和"未解决"，当用户单击这两个按钮时触发该接口
请求方式	POST

用户问题答案反馈请求参数如表 3-24 所示。

表 3-24　用户问题答案反馈请求参数

名称	类型	长度	是否必填	描述
UUID	string	—	Y	问答接口中的 UUID
type	int	—	Y	0 无用 1 有用

用户问题答案反馈返回参数如表 3-25 所示。

表 3-25　用户问题答案反馈返回参数

名称	类型	描述
code	int	响应码，等于 200 表示处理成功
msg	string	响应消息
data	json	泛型结构，因具体接口不同而不同

6) 用户输入语音文件转文本

语音文件转文本请求方式如表 3-26 所示。

表 3-26 语音文件转文本请求方式

功能描述	用于前端的语音文件转换文本
请求方式	POST

语音文件转文本请求参数如表 3-27 所示。

表 3-27 语音文件转文本请求参数

名称	类型	是否必填	描述
file	string	Y	文件
format	string	N	默认 16000，采样率 16000，固定值
rate	string	N	默认为 pcm，语音文件的格式有 pcm、wav 或者 amr，不区分大小写

语音文件转文本请求返回值如表 3-28 所示。

表 3-28 语音文件转文本请求返回值

名称	类型	描述
code	int	响应码，等于 200 表示处理成功
msg	string	响应消息
data	json	泛型结构，因具体接口不同而不同

泛型结构因具体接口不同而不同。此接口为对象，语音文件转文本请求泛型结构属性说明如表 3-29 所示。

表 3-29 语音文件转文本请求泛型结构属性

名称	长度	是否必填	描述
err_no	int	是	错误码
err_msg	int	是	错误码描述
sn	int	是	语音数据唯一标识，系统内部产生，用于 debug
result	int	是	

7) 单点登录接口

单点登录接口请求方式如表 3-30 所示。

表 3-30 单点登录接口请求方式

功能描述	本接口用于人机交互系统基于 INDICS 平台的 oauth2 登录获取访问凭证以调用其他受权限保护的资源的接口
请求方式	POST

(1)登录接口，登录请求参数如表 3-31 所示。

表 3-31　登录请求参数

名称	类型	是否必填	描述
access_token	string	Y	由授权码 code 获取的 access_token

登录返回参数如表 3-32 所示。

表 3-32　登录返回参数

名称	类型	描述
code	int	响应码，等于 200 表示处理成功
msg	string	响应消息
data	json	泛型结构，因具体接口不同而不同

泛型结构，因具体接口不同而不同。

此接口为对象，属性说明：①user_id 为用户 ID，int 类型；②account 为账号，字符串类型；③token 为凭证，字符串类型。

(2) Access Token 获取。本接口基于 INDICS 平台的 oauth2 获取 access_token。

请求说明如下。

header：无。

body：请求参数以 json 形式统一放到 body 中。

请求方式：POST。

Access Token 请求参数如表 3-33 所示。

表 3-33　Access Token 请求参数

名称	类型	是否必填	描述
code	string	Y	请求授权之后回调地址 url 中的 code 值

返回值如表 3-34 所示。

表 3-34　Access Token 请求返回值

名称	类型	描述
code	int	响应码，等于 200 表示处理成功
msg	string	响应消息
data	json	泛型结构，因具体接口不同而不同

泛型结构，因具体接口不同而不同。

此接口为对象，属性说明：①user_open_id，用户开放平台的 ID，字符串类型；②access_token oauth2 的 token，字符串类型；③expires_in 失效时间，long 类型；④efresh_token 失效时间，字符串类型；⑤scope 作用域，字符串类型；⑥client_id 应用客户端 ID，字符串类型。

(3)验证码获取。本接口用于人机交互系统登录时防非人机操作验证，该验证码有效期为 60s。

请求说明如下。

header：无。

body：请求参数以 json 形式统一放到 body 中。

请求方式：POST。

获取验证码请求参数如表 3-35 所示。

表 3-35　获取验证码请求参数

名称	类型	是否必填	描述
htid	string	N	当前用户第二次调该接口时的上次的 htid 值
width	string	N	图片宽度(默认 100)
height	string	N	图片高度(默认 30)
codeCount	int	N	验证码个数(默认 4)
lineCount	int	N	干扰线条数(默认 100)

获取验证码请求返回值如表 3-36 所示。

表 3-36　获取验证码请求返回值

名称	类型	描述
code	int	响应码，等于 200 表示处理成功
msg	string	响应消息
data	json	泛型结构，因具体接口不同而不同

泛型结构，因具体接口不同而不同。

此接口为对象，属性说明：①htid 为验证码的唯一标识，字符串类型；②code 为图片的 base64 格式，字符串类型。

(4)用户建议反馈。本接口用于人机交互系统用户反馈建议。

请求说明如下。

header：无。

body：请求参数 json 形式统一放到 body 中。

请求方式：POST。

用户建议反馈请求参数如表 3-37 所示。

表 3-37　用户建议反馈请求参数

名称	类型	是否必填	描述
content	string	意见内容	content

用户建议反馈请求返回值如表 3-38 所示。

表 3-38　用户建议反馈请求返回值

名称	类型	描述
code	string	响应码，等于 200 表示处理成功
msg	string	响应消息
data	json	泛型结构，因具体接口不同而不同

2. 查询 API

1)查询列表 API

请求方式：GET。

请求参数：无。

查询列表 API 返回值如表 3-39 所示。

表 3-39　查询列表 API 返回值

名称	类型	描述
code	string	响应码，等于 200 表示处理成功
msg	string	响应消息
data	json	泛型结构，因具体接口不同而不同

泛型结构，因具体接口不同而不同。

此接口为对象，属性说明：content 为内容，字符串类型。

2)对话框底部推荐

本接口用于人机交互系统不同的场景，对话框底部推荐位。

请求说明如下。

header：Authorization 键值对方式（Authorization:token）。

body：请求参数 json 形式统一放到 body 中。

请求方式：GET。

请求参数：无。

查询列表 API 返回值如表 3-40 所示。

表 3-40 查询列表 API 返回值

名称	类型	描述
code	string	响应码，等于 200 表示处理成功
msg	string	响应消息
data	json	泛型结构，因具体接口不同而不同

泛型结构，因具体接口不同而不同。

此接口为对象，属性说明：content 为内容，字符串类型。

3) 对话框顶部推荐

本接口用于人机交互系统不同的场景，对话框顶部推荐位。

请求说明如下。

header：Authorization 键值对方式（Authorization:token）。

body：请求参数 json 形式统一放到 body 中。

请求方式：GET。

请求参数：无。

对话框顶部推荐返回值如表 3-41 所示。

表 3-41 对话框顶部推荐返回值

名称	类型	描述
code	string	响应码，等于 200 表示处理成功
msg	string	响应消息
data	json	泛型结构，因具体接口不同而不同

泛型结构，因具体接口不同而不同。

此接口为对象，属性说明：①name 为名称，int 类型；②image 为图片地址，字符串类型；③content 为内容，字符串类型。

4) 用户登出注销

本接口用于人机交互系统的用户登出功能。

请求说明如下。

header：Authorization 键值对方式（Authorization:token）。

body：请求参数 json 形式统一放到 body 中。

请求方式：GET。

请求参数：无。

用户登出注销返回值如表 3-42 所示。

表 3-42　用户登出注销返回值

名称	类型	描述
code	string	响应码，等于 200 表示处理成功
msg	string	响应消息
data	json	泛型结构，因具体接口不同而不同

泛型结构，因具体接口不同而不同。

此接口为对象，属性说明：①user_id 为用户 ID，int 类型；②account 为账号，字符串类型；③org_id 为组织 ID，int 类型；④name 为用户昵称，字符串类型；⑤scene_id 为用户对应场景，字符串类型。

第 4 章　数据淘金业务模型

本章主要介绍数据淘金的业务模型，从业务角度描述数据淘金如何实现其主要功能。

4.1　业 务 架 构

数据淘金是一个基于数据价值挖掘的知识服务系统，以人机交互智能问答模式，针对特定场景、特定需求的企业用户，提供基于工业领域知识图谱的数据、信息和知识服务。它使用人工智能技术，通过多轮人机对话机制聚焦用户意图，从行业专家的角度给用户提供专业建议、技术思路和解决方案。

数据淘金主要面向用户操作的功能模块是知识管理和人机交互，用户可以根据平台提供的业务模型和功能，建设基于用户需求的业务服务场景。图 4-1 所示为数据淘金业务构架。

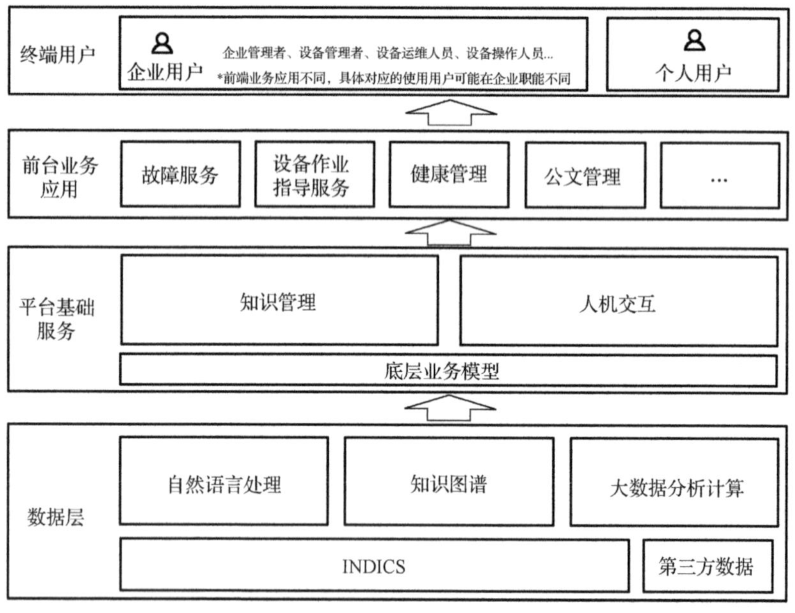

图 4-1　数据淘金业务架构

4.2　基于人机交互的智能问答

数据淘金目前有 PC 版和移动版。按照用户数据权限的不同，用户可以访问不同知识库中的问题。

4.2.1　用户登录

初次访问数据淘金的用户，需要在 INDICS 平台注册相应的用户权限，才可以访问数据淘金的专业知识库的内容。如果没有注册 INDICS 平台获取权限的用户，只能以游客的名义访问公共知识库。已经注册了的用户，单击右上角的“登录”按钮，就可以跳转到登录界面。用户输入用户名、密码和验证码，就可以访问该用户权限对应的专业知识库。数据淘金注册登录界面如图 4-2 所示。

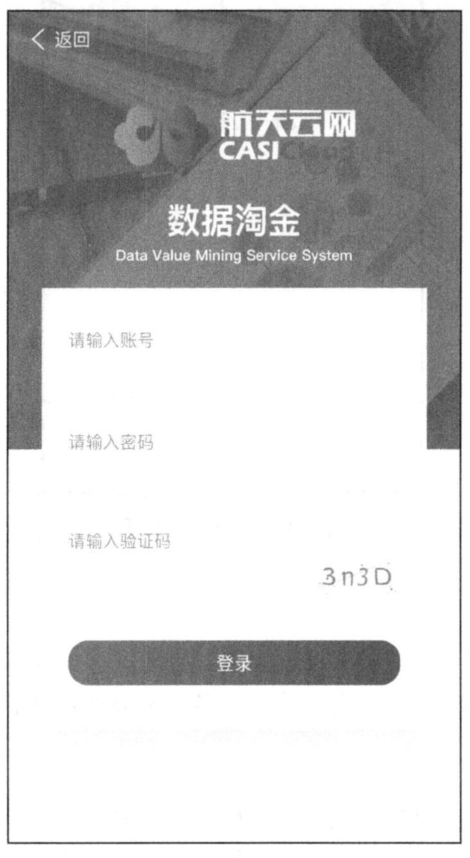

图 4-2　数据淘金注册登录界面

4.2.2 访问公共知识库

初次访问数据淘金的用户，按照游客的身份，可以访问数据淘金的公共知识库。公共知识库一共涵盖了四方面的内容：公司信息、产品业务、客户服务和工业术语，用户可以针对这四方面的内容进行提问。由于用户是游客权限，对于专业知识库的内容不能进行咨询。公共知识库的知识面向所有的用户，用户在输入窗口输入想询问的问题，系统会反馈相关的答案。数据淘金首页如图 4-3 所示。

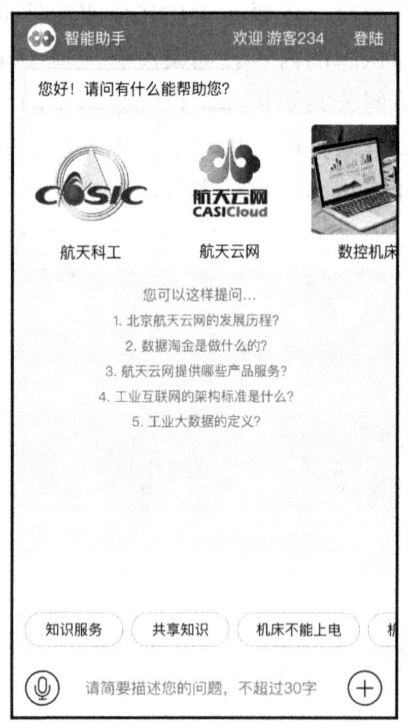

图 4-3 数据淘金首页

1. 公司信息

针对公司信息，用户可以按照以下类型的问句进行提问，系统界面可参考图 4-4。例如，航天科工的介绍；航天科工有多少子公司；INDICS 平台的公司介绍。

2. 产品业务

针对产品业务，用户可以按照以下类型的问句进行提问，系统界面可参考图 4-5。

例如，航天科工财务有限责任公司的产品；人民币定期存款业务的优势；宏华集团有限公司的产品。

图 4-4　数据淘金公司信息介绍界面

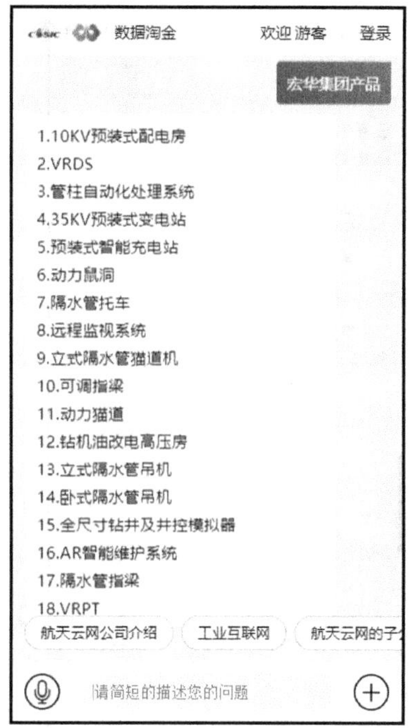

图 4-5　数据淘金产品业务介绍界面

3. 客户服务

针对客户服务，用户可以用以下类型的问句进行提问，系统界面可参考图 4-6。

例如，云端业务工作室入口有哪些？云端业务工作室分哪些版块？怎么订阅需求？

4. 工业术语

针对工业术语，用户可以用以下类型的问句进行提问，系统界面可参考图 4-7。

例如，IT 网络是什么？标识解析递归解析节点？场景模版工业 APP？

4.2.3 访问钻机知识库

用户使用钻机知识库权限的账户登录数据淘金系统，可以向系统询问有关钻机四方面的知识：安装指导、维护指导、实时监测和零件图纸。系统界面可参考图 4-8。

1. 安装指导

针对安装指导，用户可以按照以下类型的问题进行提问，系统界面可参考图 4-9。

例如，润滑油泵安装在泥浆泵什么位置？如何安装泥浆泵？常规钻井钻前工程钻机设备的安装与试运转方法？

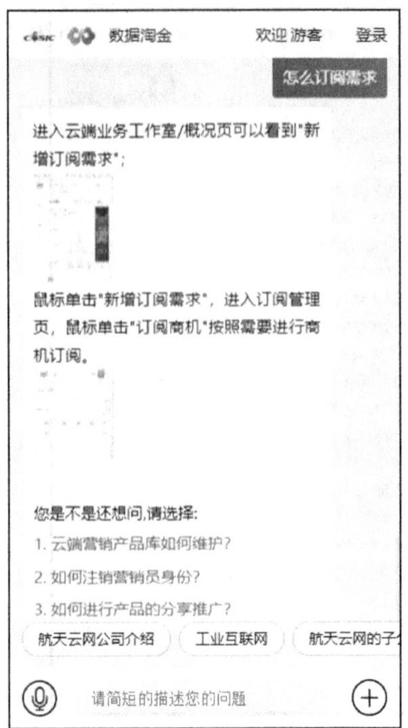

图 4-6　数据淘金客户服务业务介绍界面

图 4-7　数据淘金专业工业术语介绍界面

图 4-8　数据淘金专业知识库介绍界面

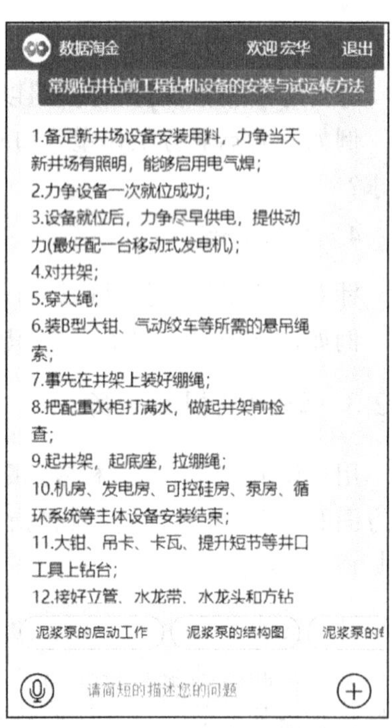

图 4-9　数据淘金钻井设备安装界面

2. 维护指导

针对维护指导，用户需要输入某个部件发生的具体问题，系统会根据用户的输入，从数据库中寻找相应的答案。由于数据的限制，数据淘金暂时只支持对于泥浆泵部分问题及维护指导的问答。系统界面可参考图 4-10。

备注：对于维护指导的询问，用户需要输入“维护保养”，就能触发相应的问答。

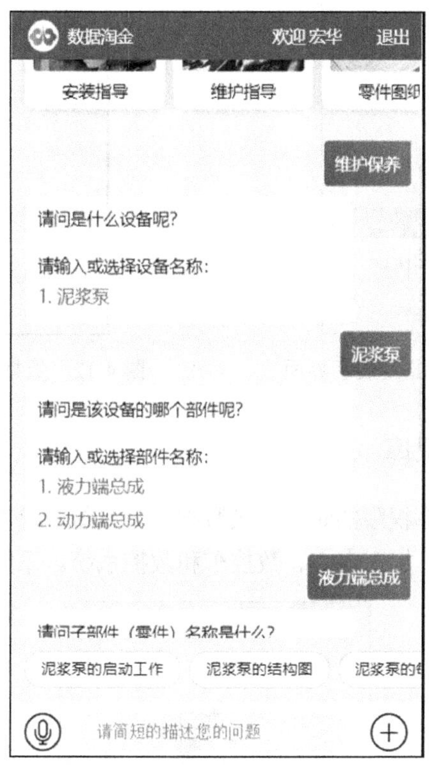

图 4-10 数据淘金维护指导界面

3. 实时监测

针对实时监测，用户需要输入对应的实时监测的话术，就能调取实时监测的数据。系统根据实时数据的分析，调取后台业务模型，推测钻机的情况，做出具体的指示。系统界面可参考图 4-11。

4. 零件图纸

针对零件图纸，用户可以按照以下类型的问题进行提问，系统界面可参考图 4-12。

例如，泥浆泵的结构图？常规钻井典型的钻柱总成图？常规注水泥工艺流程示意图？

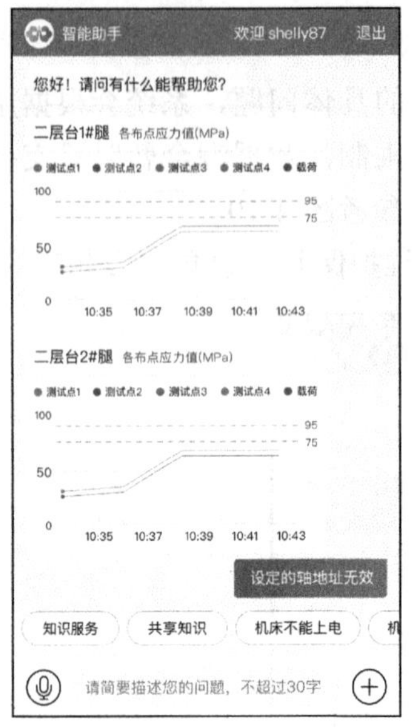

图 4-11　数据淘金实时监测展示界面

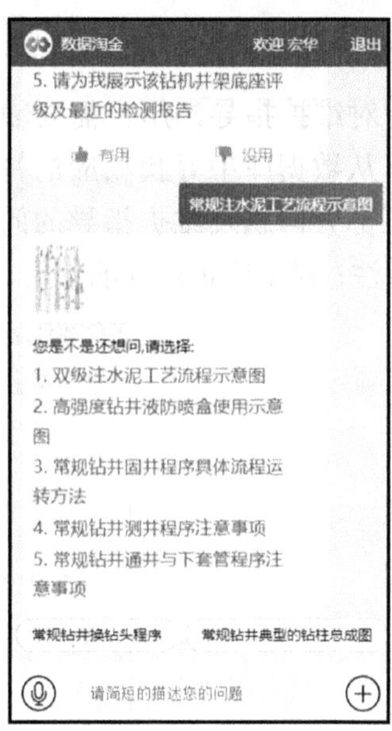

图 4-12　数据淘金设备零件图纸界面

4.2.4　访问机床知识库

用户使用机床知识库权限的账户登录数据淘金系统，可以向系统询问有关机床的故障处理知识：滚齿机、加工中心、数控车和数控系统。系统界面可参考图 4-13。

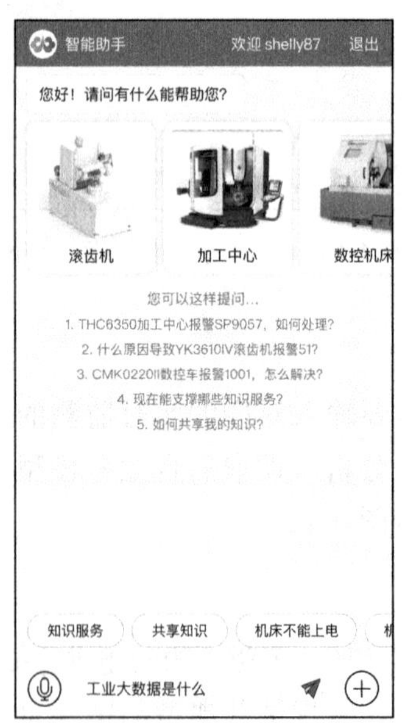

图 4-13　数据淘金机床知识库界面

1. 滚齿机

针对滚齿机的故障处理，用户可以按照以下类型的问题进行提问，然后选择机床制造商、机床型号、数控系统型号以及对应的报警号。系统会根据用户的输入和选择，筛选出适合的报警处理方法。系统界面可参考图 4-14。

备注：用户需要输入“故障”或者“报警”这两个关键词来触发故障处理的多轮对话。

例如，滚齿机发生故障；这里的滚齿机有一个报警。

2. 加工中心

针对加工中心的故障处理，用户可以按照以下类型的问题进行提问，然后选择机床制造商、机床型号、数控系统型号以及对应的报警号。系统会根据用户的输入和选择，筛选出适合的报警处理方法。系统界面可参考图 4-15。

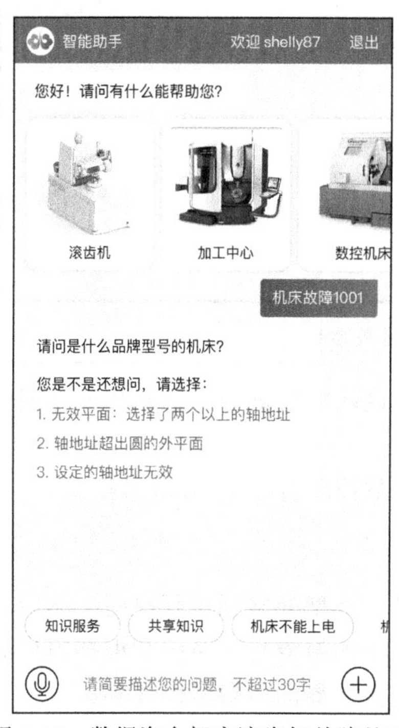

图 4-14　数据淘金机床滚齿机故障处理

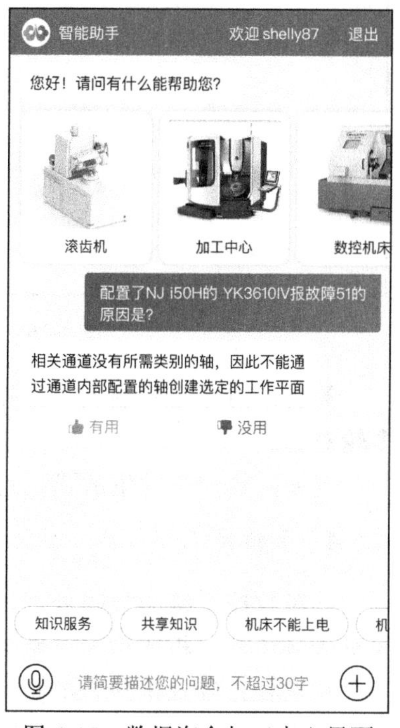

图 4-15　数据淘金加工中心界面

备注：用户需要输入“故障”或者“报警”这两个关键词来触发故障处理的多轮对话。

例如，加工中心发生故障；这里有一个报警；加工中心有一个 1000 号报警。

3. 数控车

针对数控车的故障处理，用户可以按照以下类型的问题进行提问，然后选择机床制造商、机床型号、数控系统型号以及对应的报警号。系统会根据用户的输入和选择，筛选出适合的报警处理方法。系统界面可参考图 4-16。

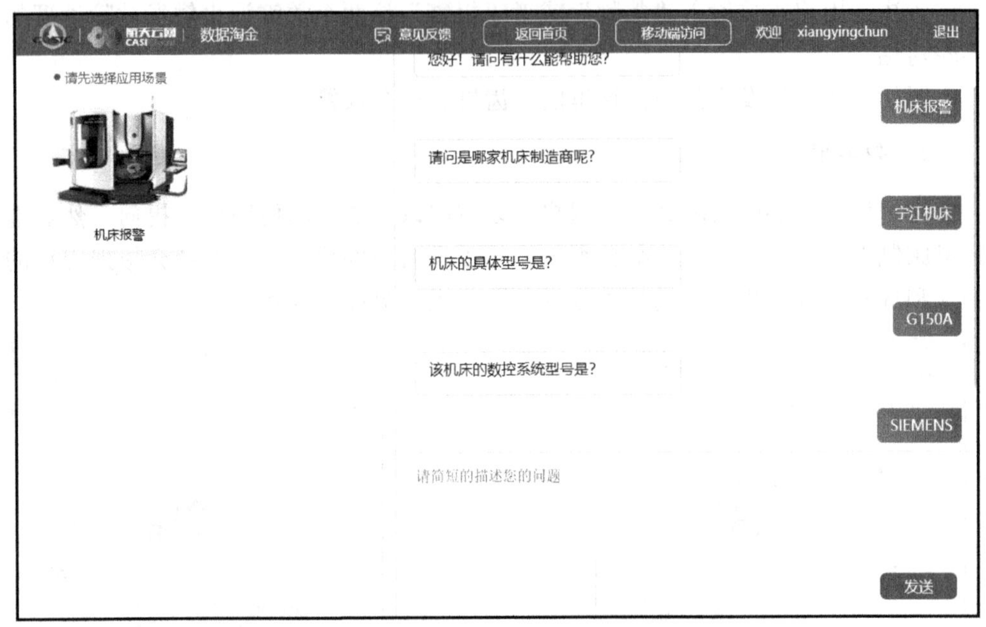

图 4-16 数据淘金机床报警号故障界面

备注：用户需要输入“故障”或者“报警”这两个关键词来触发故障处理的多轮对话。

例如，数控车发生故障；这里有一个报警；数控车有一个 1000 号报警。

4. 数控系统

针对数控系统的故障处理，用户可以按照以下类型的问题进行提问，然后选择机床制造商、机床型号、数控系统型号以及对应的报警号。系统会根据用户的输入和选择，筛选出适合的报警处理方法。系统报警界面可参考图 4-17。

备注：用户需要输入“故障”或者“报警”这两个关键词来触发故障处理的多轮对话。

例如，数控系统发生故障；这里有一个报警；宁江机床的数控系统 FANUC 0i MF 有一个 2005 号报警。

图 4-17 数据淘金机床数控系统报警界面

4.2.5 访问公文知识库

用户使用机床知识库权限的账户登录数据淘金系统，可以向系统询问有关公文的内容。该应用场景支持对决定、通知、报告、请示、批复、意见、函、纪要 8 种类型的公文进行检索，同时将公文以思维导图、地域分布图、时间脉络图等形式进行可视化展示。系统界面可参考图 4-18。

1. 搜索公文内容/题目

用户可以根据自己的需要，输入对应的关键字，就可以在系统中检索出对应的公文。系统界面可参考图 4-19。

2. 打开/下载公文

用户输入相关的关键字，进行公文文件的检索，单击检索出来的结果，可以在线打开公文文件或者下载公文文件。系统界面可参考图 4-20。

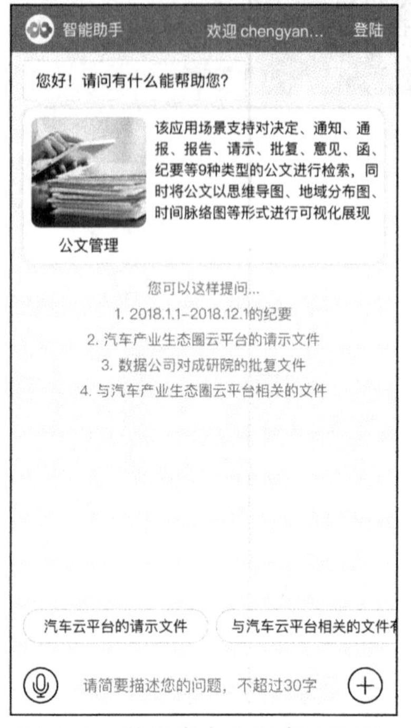

图 4-18　数据淘金公文应用界面

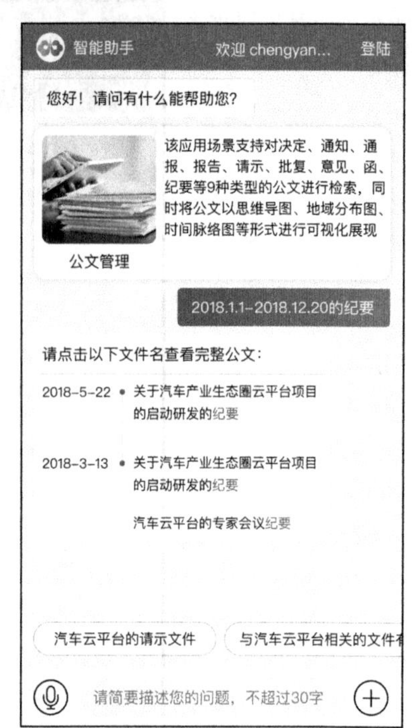

图 4-19　数据淘金公文关键字搜索界面

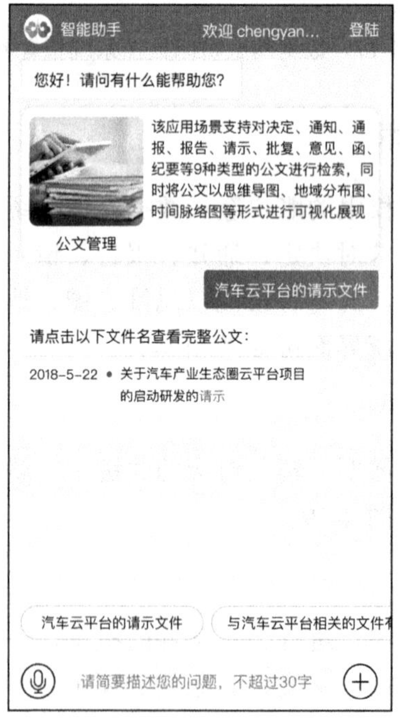

图 4-20　数据淘金公文展示界面

4.2.6　其他功能

1. 语音输入

除了文字输入，数据淘金还支持语言输入方式。单击左下角的话筒符号，用户可以切换成语音输入的模式。用户可以通过语音询问相关的问题，系统会根据收集的语音信息，转换为相关的文字。系统界面可参考图 4-21。

2. 建议反馈

单击输入框旁边的+号，用户可以打开隐藏的面板。选择建议反馈，系统会打开建议反馈的窗口。用户输入相应的意见，并提交。反馈意见就会提交到系统后台。系统界面可参考图 4-22。

图 4-21　数据淘金语音输入界面

图 4-22　数据淘金建议反馈界面

4.3　后台功能介绍

数据淘金后台支持用户进行知识标注。具有权限的用户登录系统，将需要标注的文档导入到系统，可以通过后台标注，形成知识图谱。

4.3.1　管理大厅

管理员登录系统之后，可以查看各个标注模块的完成情况和任务进度列表。单击每条任务的“查看”按钮，可以查看该任务的具体信息。单击右上角的人员完成进度导出，可以将所有的任务下载成一个Excel文件。系统界面可参考图4-23。

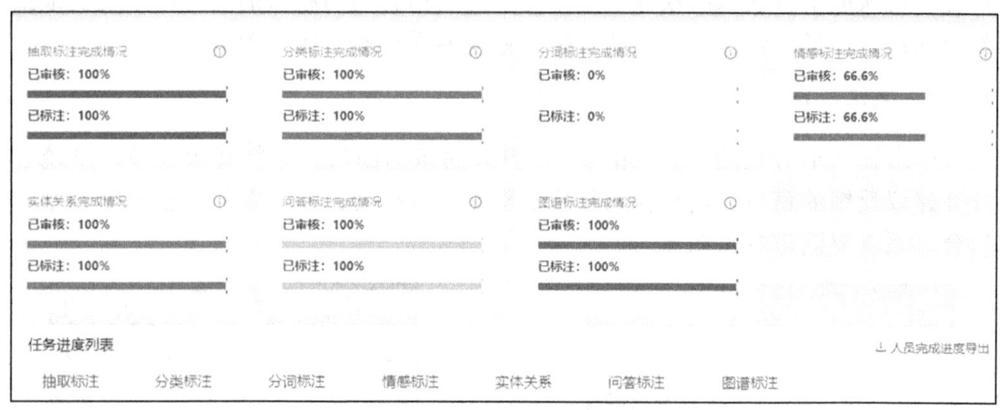

图 4-23　数据淘金数据标注界面

4.3.2　文本抽取标注

1. 标注文本列表

用户可以根据选择的标注规则、标注员、审核员、任务名称、文本ID或者文本名称对需要标注的文本进行筛选过滤。用户也可以清空选择的筛选条件，系统默认按照第一条标注规则进行筛选。用户单击“预标注结果下载”或者“人工标注结果下载”，对相应的标注文本进行下载。系统界面可参考图4-24。

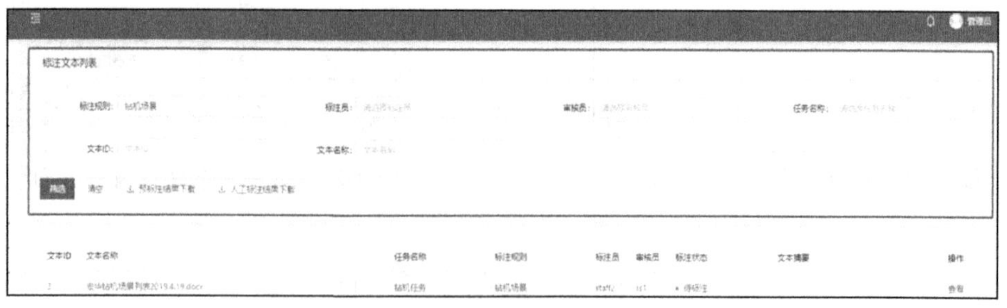

图 4-24　数据淘金标注文本数据列表界面

单击任务列表的“查看”按钮，就可以打开文本标注页面。根据所选择的标注规则，在打开的文本上选择对应的文字，并确认标注。对于选择错误的文字，可以在标注规则里面进行删除操作。标注完成的文本，单击右上角的“保存”按钮。单击“返回”按钮可以回到标注文本列表页面。系统界面可参考图 4-25。

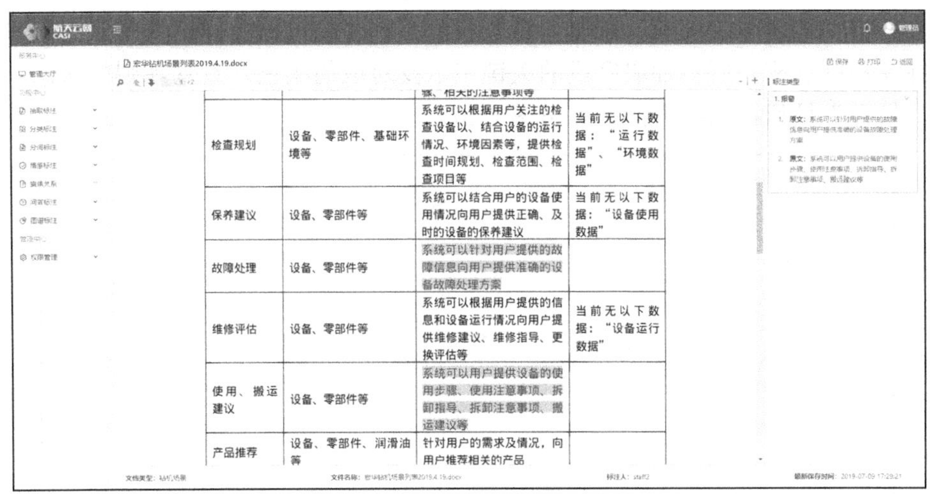

图 4-25　数据淘金标注文本数据功能展示界面

2. 任务管理

进入抽取标注的任务管理，可以根据任务的状态(全部已启用或者已禁用)进行任务的筛选，也可以根据任务的名称进行搜索。系统界面可参考图 4-26。

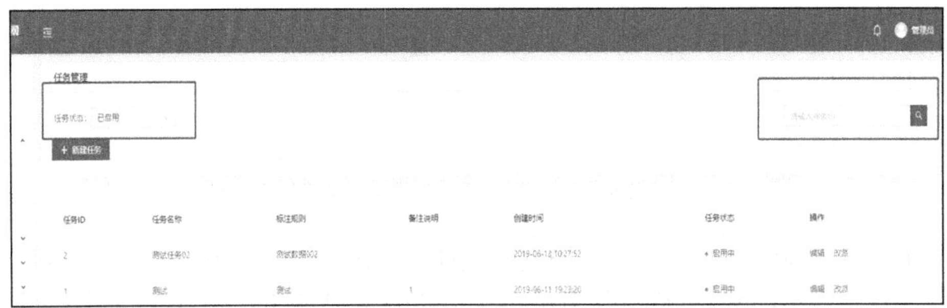

图 4-26　数据淘金文本数据标注任务管理界面

单击“新建任务”按钮，打开“新建标注任务”窗口。输入任务名称，选择对应的标注规则，选择任务状态，上传所需要标注的文件，选择标注分配人员和审核人员，单击“任务提交”按钮。任务就可以新建完成。

单击任务列表里面的“编辑”按钮，可以编辑任务的相关信息。单击“改派”按钮，可以更改标注分配人员和审核分配人员。

3．标注规则管理

进入标注规则管理，可以根据标注规则状态(全部已启用或者已禁用)进行标注规则的筛选，也可以根据标注规则的名称进行搜索。

单击“新建标注规则”按钮，系统右侧打开“编辑标注规则”窗口。用户输入标注规则名称，所要抽取字段的关键字以及对应的颜色，设置规则的状态，单击“保存”按钮。系统界面可参考图 4-27。

图 4-27　数据淘金文本数据标注新建标注规则界面

单击对应标注规则的“编辑”按钮，可以重新打开“编辑标注规则”窗口。编辑标注规则信息，单击“保存”按钮。单击对应标注规则的“导出”按钮，可以导出该标注规则的信息。

4.3.3　分类标注

1．标注文本列表

用户可以根据选择的标注规则、标注状态、任务名称或者任务名称关键字对需要标注的文本进行筛选过滤。用户也可以单击“重置”按钮清空选择的筛选条件，系统默认按照全部进行筛选。用户单击“标注结果下载”按钮，对相应的标注文本进行下载。系统界面可参考图 4-28。

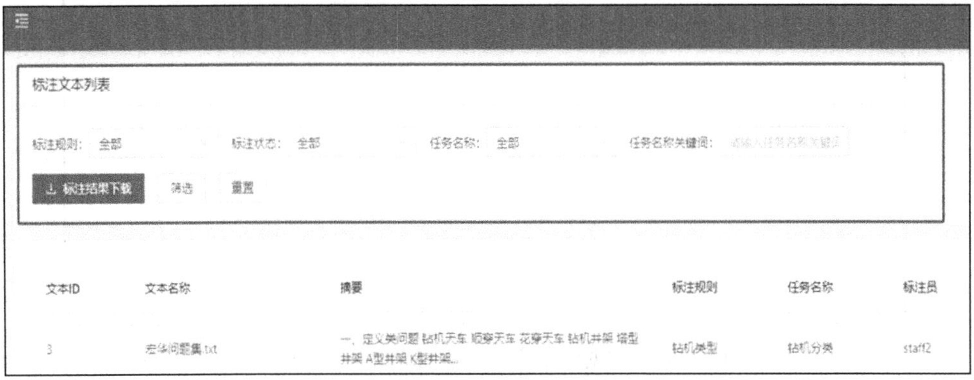

图 4-28　数据淘金文本数据标注文本列表界面

单击任务列表的“查看”按钮，可以查看需要分类标注的文档。单击任务列表的“审核”按钮，可以标注完成需要分类的文本，单击“保存”按钮完成标注。系统界面可参考图 4-29。

图 4-29　数据淘金文本数据标注任务查看界面

2. 任务管理

进入分类标注的任务管理，可以根据任务的状态(全部已启用或者已禁用)进行任务的筛选，也可以根据任务的名称进行搜索。系统界面可参考图 4-30。

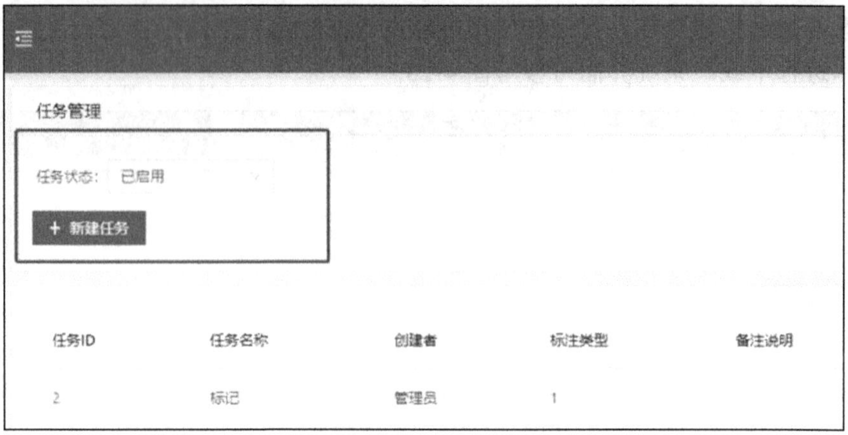

图 4-30　数据淘金文本数据标注任务管理界面

单击“新建任务”按钮，打开“新建标注任务”窗口。输入任务名称，选择对应的分类类型(标注规则)，选择任务状态，上传所需要标注的文件，选择标注分配人员和审核人员，单击“任务提交”按钮，任务就可以新建完成。

单击任务列表里面的“编辑”按钮，可以编辑任务的相关信息。单击“改派”按钮，可以更改标注分配人员和审核分配人员。单击任务列表的“删除”按钮，可以删除该任务。

3. 标注规则管理

进入“标注规则管理”界面，可以根据标注规则状态(全部已启用或者已禁用)进行标注规则的筛选，也可以根据标注规则的名称进行搜索。系统界面可参考图 4-31。

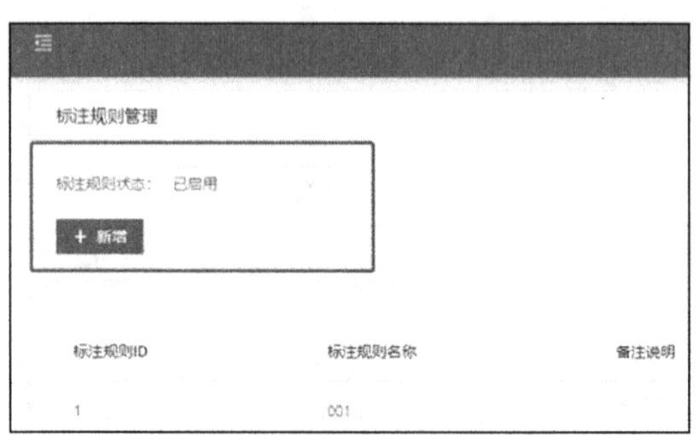

图 4-31　数据淘金文本数据标注规则管理界面

单击“新建”按钮，系统右侧打开“编辑标注规则”窗口。用户输入标注规则名称、所要抽取字段的关键字以及对应的颜色，设置规则的状态，单击“保存”按钮。系统界面可参考图 4-32。

图 4-32　数据淘金文本数据标注规则新建界面

单击对应标注规则的“编辑”按钮，可以重新打开“编辑标注规则”窗口。编辑标注规则信息，单击“保存”按钮。单击对应标注规则的“导出”按钮，可以导出该标注规则的信息。单击对应标注规则的“删除”按钮，可以删除该规则。

4.3.4　情感标注

1. 标注文本列表

用户可以根据选择的标注状态、任务名称或者文本名称对需要标注的文本进行筛选过滤。用户也可以单击“重置”按钮清空选择的筛选条件，系统默认按照全部进行筛选。用户单击“结果下载”按钮，对相应的标注文本进行下载。系统界面可参考图 4-33。

单击任务列表的“查看”按钮，可以查看需要情感标注的文档。单击任务列表的“审核”按钮，选择情感分析结果，可以标注完成需要标注的文本，单击“确定”按钮完成标注。系统界面可参考图 4-34。

2. 任务管理

进入分类标注的任务管理界面，单击“新建任务”按钮，可以新建情感标注任务。系统界面可参考图 4-35。

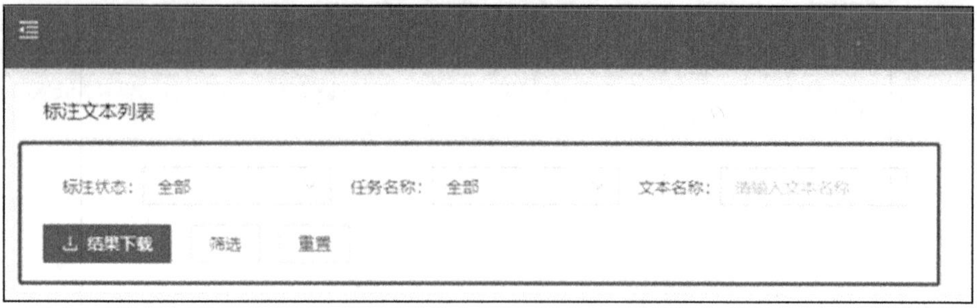

图 4-33　数据淘金文本数据标注文本列表界面

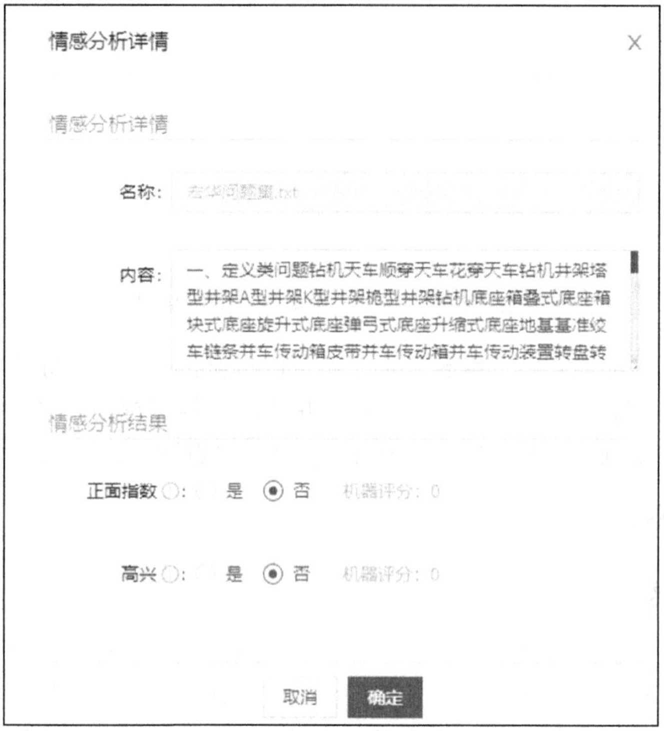

图 4-34　数据淘金文本数据标注查看界面

单击“新建任务”按钮，打开“新建标注任务”窗口。输入任务名称和备注说明，选择任务状态，上传所需要标注的文件，选择标注分配人员和审核人员，单击“任务提交”按钮，任务就可以新建完成。系统界面可参考图 4-36。

单击任务列表里面的“编辑”按钮，可以编辑任务的相关信息。单击“改派”按钮，可以更改标注分配人员和审核分配人员。单击任务列表的“删除”按钮，可以删除该任务。

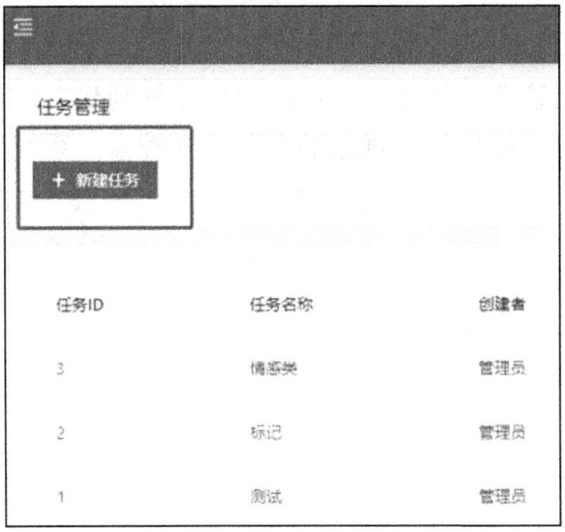

图 4-35　数据淘金文本数据标注分类任务管理界面

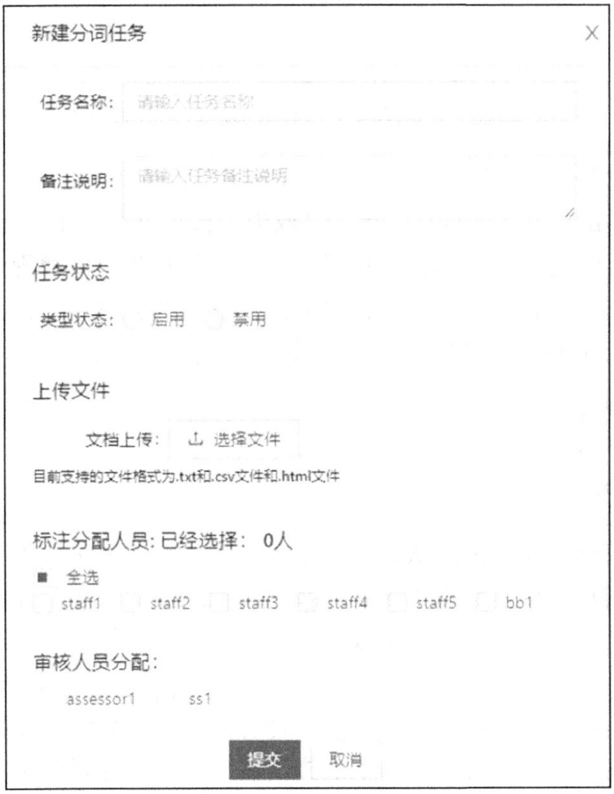

图 4-36　数据淘金文本数据标注新建任务界面

3. 标注规则管理

进入“标注规则管理”界面，可以根据标注规则状态(全部或已启用)进行标注规则的筛选，也可以根据标注规则的名称进行搜索。系统界面可参考图 4-37。

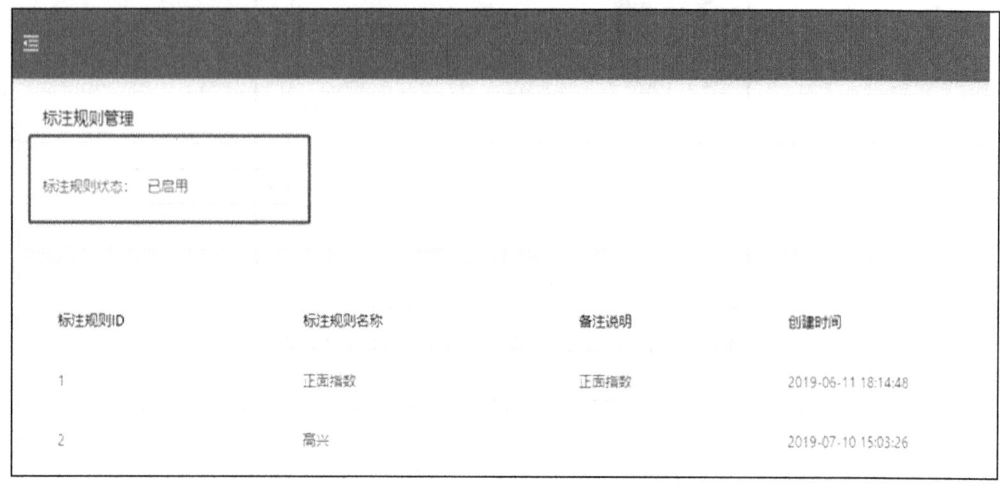

图 4-37　数据淘金文本数据标注规则管理界面

单击“新建”按钮，系统右侧打开“新增规则”窗口。用户输入标注规则名称和规则描述，单击“保存”按钮。单击“取消”按钮可以关闭“新增规则”窗口。

单击对应标注规则的“编辑”按钮，可以重新打开“新增规则”窗口。编辑规则信息，单击“保存”按钮。单击对应标注规则的“删除”按钮，可以删除该规则。单击右上角的“导出”按钮，可以导出所有标注规则的信息。

4.3.5　实体关系

1. 标注文本列表

用户可以根据选择的标注状态、任务名称或者文本名称对需要标注的文本进行筛选过滤。用户也可以单击“重置”按钮清空选择的筛选条件，系统默认按照全部进行筛选。用户单击“结果下载”按钮，对相应的标注文本进行下载。系统界面可参考图 4-38。

单击任务列表的“查看”按钮，可以查看需要情感标注的文档。用鼠标选中文档中需要标注的实体，在新窗口中选择其实体属性，选择的实体就可以出现在标注列表里。系统界面可参考图 4-39 与图 4-40。

图 4-38　数据淘金文本数据标注文本列表下载界面

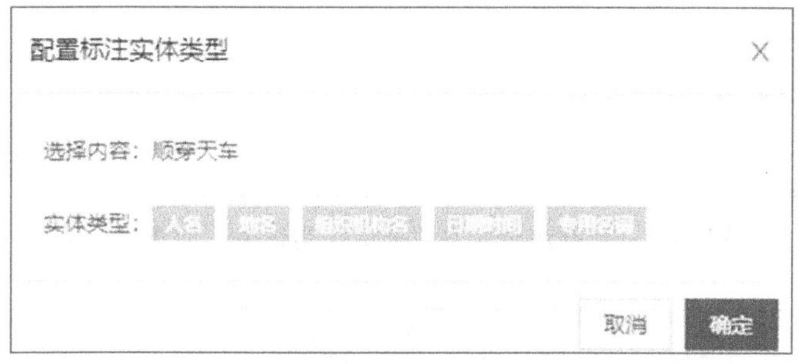

图 4-39　数据淘金文本数据标注实体标注界面 1

图 4-40　数据淘金文本数据标注实体标注界面 2

从文档中选中两个标注的实体，从配置标注关系窗口选择两个实体之间的关系。选中的实体及其关系就出现在实体关系列表里面。单击“保存”按钮就可以完成标注的文档。已经审核完成的文档不能再次进行标注。系统界面可参考图 4-41 与图 4-42。

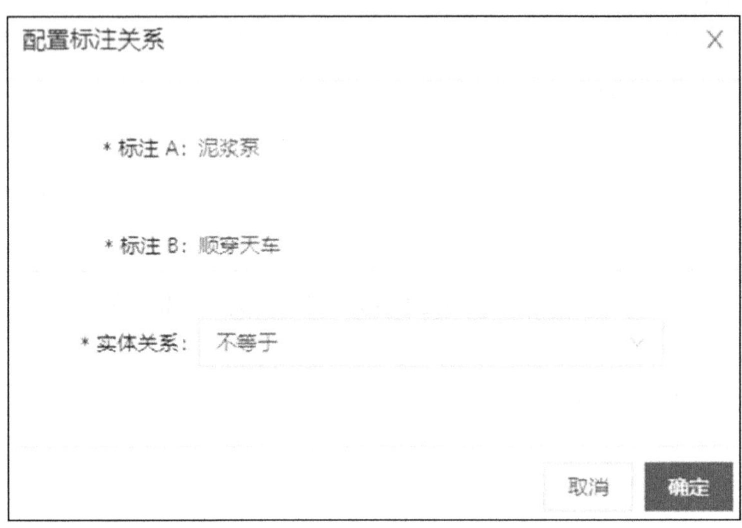

图 4-41　数据淘金文本数据标注实体关系创建界面 1

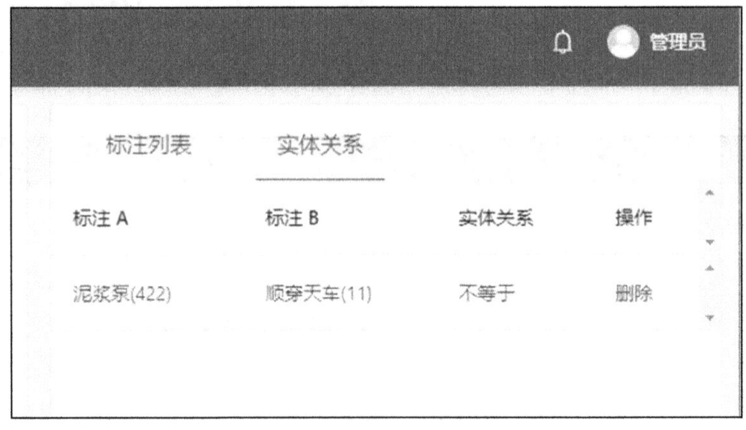

图 4-42　数据淘金文本数据标注实体关系创建界面 2

2. 任务管理

进入实体关系的任务管理界面，单击“新建任务”按钮，可以新建实体关系标注任务。系统界面可参考图 4-43。

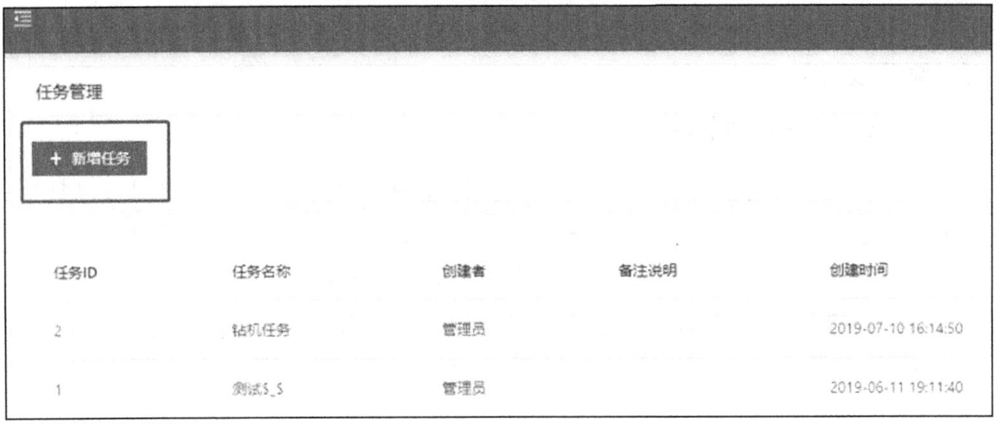

图 4-43　数据淘金文本数据标注实体任务新建界面 1

单击“新建任务”按钮，打开“新建标注任务”窗口。输入任务名称和备注说明，选择任务状态，上传所需要标注的文件，选择标注分配人员和审核人员。单击“任务提交”按钮，任务就可以新建完成。系统界面可参考图 4-44。

图 4-44　数据淘金文本数据标注实体任务新建界面 2

单击任务列表里面的“编辑”按钮，可以编辑任务的相关信息。单击“改派”

按钮，可以更改标注分配人员和审核分配人员。单击任务列表的“删除”按钮，可以删除该任务。

3. 关系标注规则管理

单击“标注规则管理”按钮，可以根据标注规则状态(全部、已启用或已禁用)筛选标注规则，也可以根据标注规则的名称进行搜索。单击“导出”按钮可以将实体关系规则导出成 Excel 文件。系统界面可参考图 4-45。

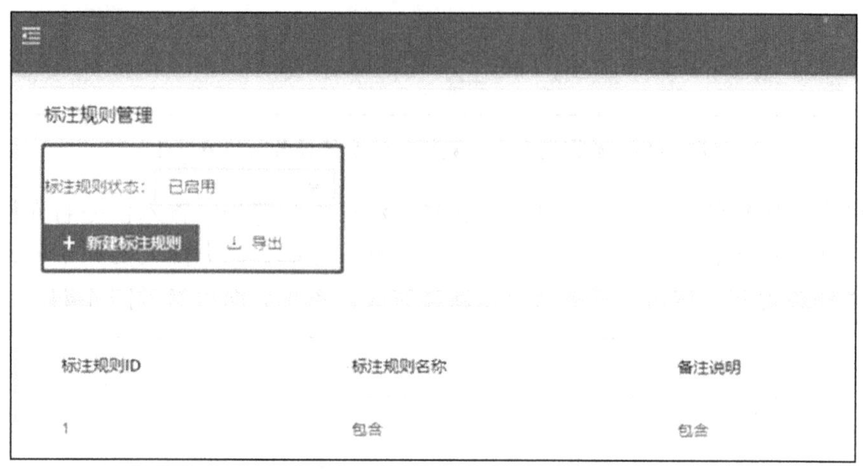

图 4-45　数据淘金文本数据标注实体规则管理界面

单击“新建标注规则”按钮，系统打开“新增关系”窗口。用户输入关系名称和关系描述，单击“确定”按钮保存。单击“取消”按钮可以关闭新增关系窗口。系统界面可参考图 4-46。

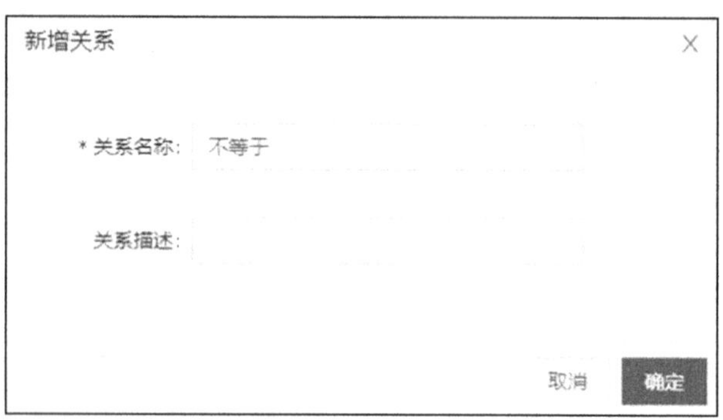

图 4-46　数据淘金文本数据标注新建标注规则界面

单击对应标注规则的“编辑”按钮，可以重新打开“新增关系”窗口。编辑关系信息，单击“保存”按钮。单击对应关系的“删除”按钮，可以删除该规则。

4. 实体词典管理

单击“实体词典管理”按钮，可以根据实体词典状态(全部或已启用)筛选实体词典，也可以根据词条搜索实体词典。系统界面可参考图 4-47。

实体词典管理

实体词典状态：已启用

词条id	词条名称	分词规则类型	创建时间
2	花花	nr(人名)	2019-07-09 16:57:43
1	北京	ns(地名)	2019-06-12 19:43:59

图 4-47　数据淘金文本数据标注实体词典界面

单击“新建词条记录”按钮，系统打开“新增词条”窗口。单击“导出”按钮，可以将已建的词条列表以 Excel 文件格式导出。单击“导入”按钮，可以将已建好的 Excel 文件中的词条导入系统中。导入的 Excel 文件需按照词条列表的对应格式。系统界面可参考图 4-48。

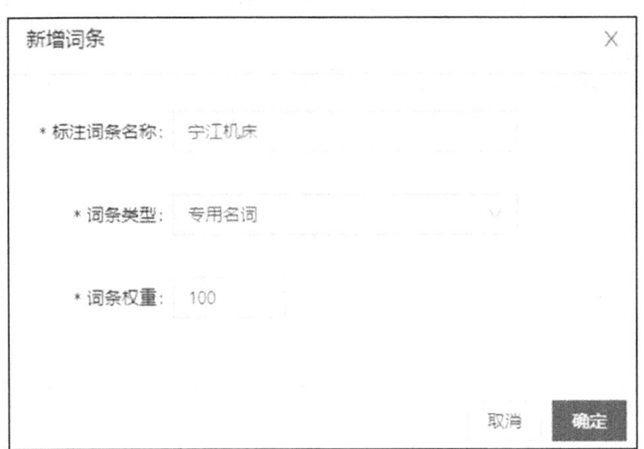

图 4-48　数据淘金文本数据标注新建词条记录界面

用户输入标注词条名称和词条类型，选择对应权重，单击“确定”按钮就可以保存。单击“取消”按钮可以关闭新增词条窗口。单击对应词条的“编辑”按钮，可以重新打开新增词条窗口。编辑词条信息，单击“保存”按钮。单击对应词条的“删除”按钮，可以删除该词条。

4.3.6　问答标注

用户可以根据选择的标注状态、任务名称或者文本名称对需要标注的文本进行筛选过滤。用户也可以单击“重置”按钮清空选择的筛选条件，系统默认按照全部进行筛选。用户单击“结果下载”按钮，对相应的标注文本进行下载。系统界面可参考图 4-49。

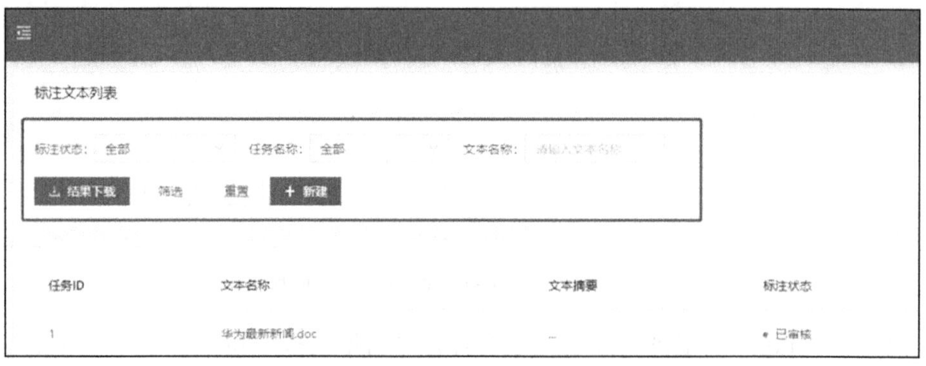

图 4-49　数据淘金文本数据标注文本下载界面 1

单击“新建”按钮，可以打开标注文本上传页面。现在系统支持 pdf、doc、docx 三种类型的文档。系统界面可参考图 4-50。

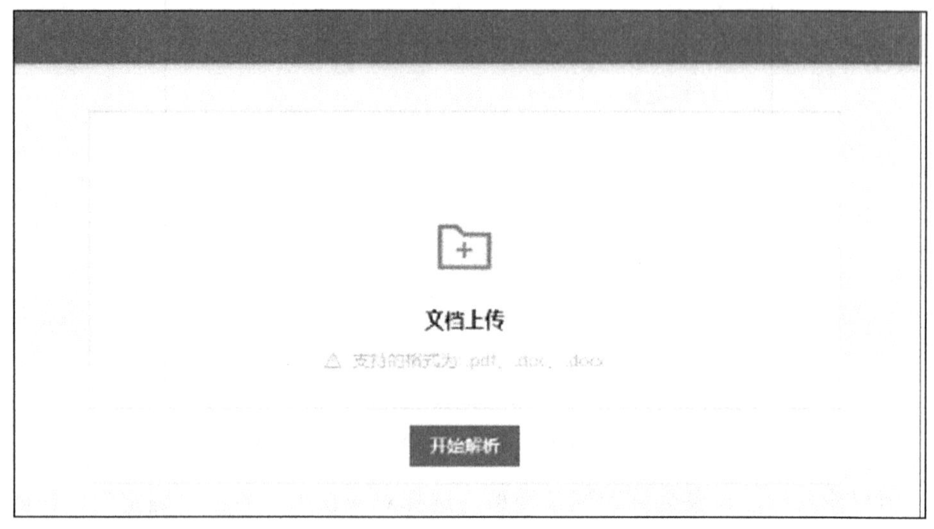

图 4-50　数据淘金文本数据标注文本下载界面 2

单击“文件上传”按钮，选择一个文档上传。单击“开始解析”按钮，解析完成后，系统会打开已经上传的文件。系统界面可参考图 4-51。

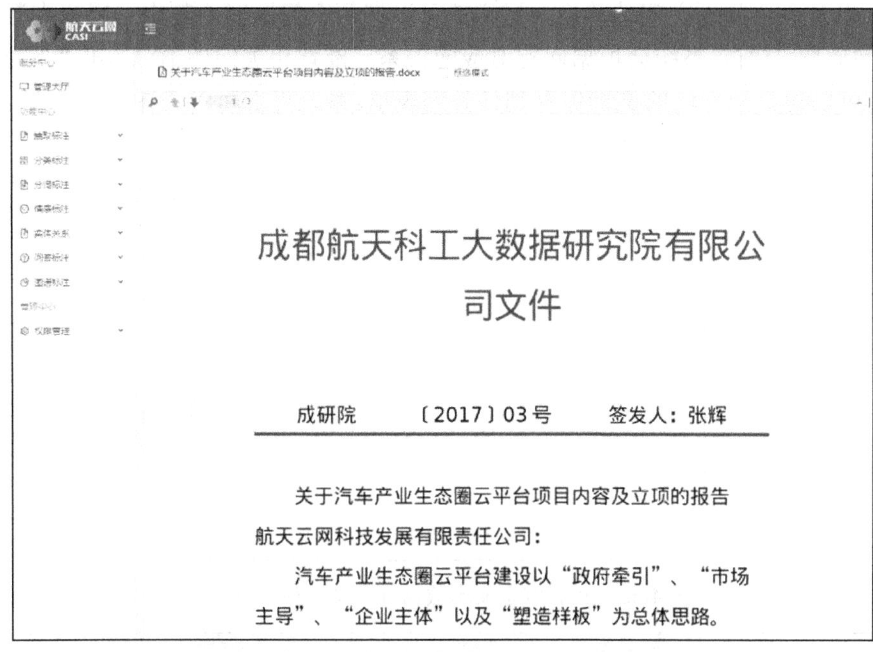

图 4-51　数据淘金文本数据标注文本解析界面 1

从文档中选择需要标注的文字，系统会将选择的文字高亮，并弹出文档标注的窗口。在文档标注窗口输入该文字对应的问题，单击“确定” 按钮。选择的问题就出现在问题列表里。系统界面可参考图 4-52。

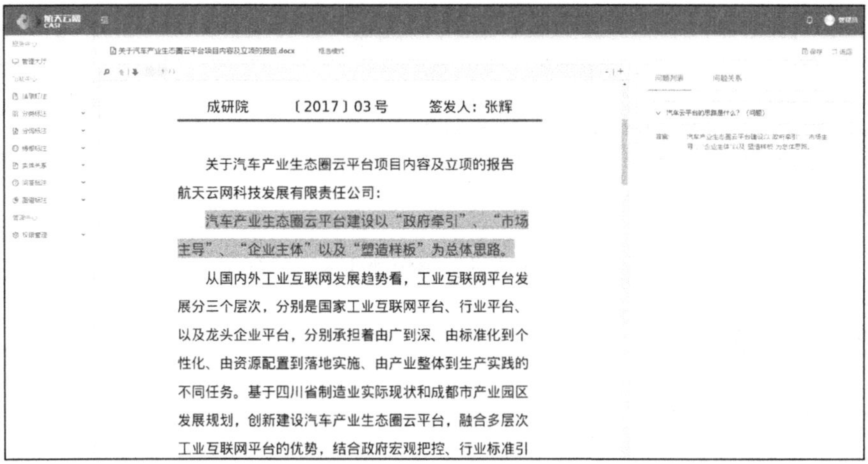

图 4-52　数据淘金文本数据标注文本解析界面 2

对于选择完成的问答对，系统还可以标注问答对之间的关系。切换到问题关系模块，单击“新建关系”按钮，打开“新建问题关系”窗口。选择问题 A 和问题 B 以及两个问题之间的关系，这样就可以把两个问题联系起来。用户在数据淘金询问问题 A 时，系统会根据问题对应的关系，推荐相关问题 B。单击“保存”按钮，就可以将已经标注的文档保存到任务列表里。系统界面可参考图 4-53 与图 4-54。

新建问题关系

问题 A：工业互联网的三个层次是什么？

问题 B：汽车产业生态圈的思路是什么？

问题关系：请选择关系

父子

从属

同级

上级

下级

图 4-53　数据淘金文本数据标注文本解析界面 3

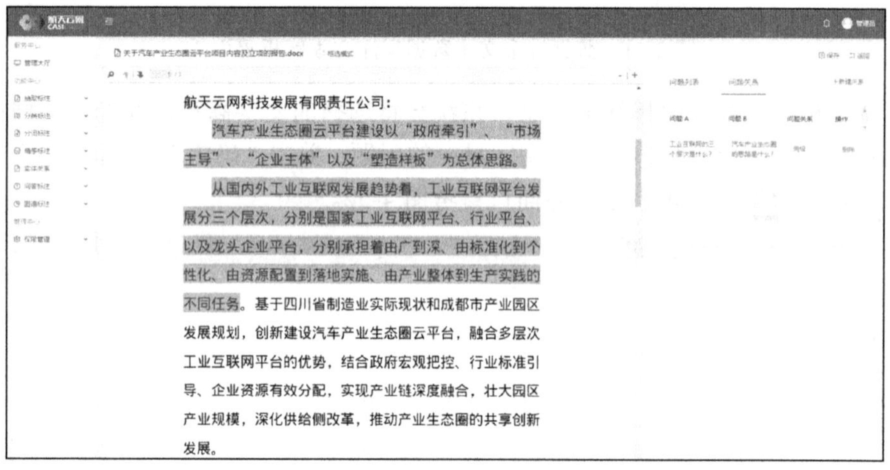

图 4-54　数据淘金文本数据标注文本解析界面 4

4.3.7　图谱标注

1. 标注文本列表

用户可以根据选择的标注员、审核员、任务名称、文本 ID 或者文本名称对需要标注的文本进行筛选过滤。用户也可以单击“重置”按钮清空选择的筛选条件，系统默认为空。

在任务列表，对于要标注文本的任务，单击“查看”按钮，即可打开要标注的文本。在文本上，选择所要标注的实体，在文档标注窗口选择对应的实体标签，单击“确定”按钮完成标注。标注完成的实体出现在标注列表里。系统界面可参考图 4-55。

宁江机床源数据使用说明2019.5.5.docx

1 / 27

（8个）	Siemens（3个）：SINUMERIK 828D、SIEMENS 840Dsl、SIEMENS 840D Higerman（1个）：Higerman HI900C Rexroth（1个）：NJ i50H
数控厂商（4个）	FANUC（发那科）、Siemens（西门子）、Higerman（海德盟）、Rexroth（力士乐）

2. ?机床与数据系统的映射关系

机床厂商	机床类型	机床型号	数控系统
宁江机床	滚齿机	G150A	FANUC 0i MF
		YK3608	FANUC 0i MF
			NJ i50H
			Higerman HI900C
		YK3610III	FANUC 0i MF
		YK3610IV	NJ i50H
	加工中心	TH6363A	FANUC 0i MF
			SINUMERIK 828D
			SIEMENS 840Dsl
		THC6350	FANUC 0i MF
			SINUMERIK 828D
			SIEMENS 840Dsl
		TH6380	SIEMENS 840Dsl
			FANUC 18i MB
		THM6380	SIEMENS 840Dsl
			FANUC 18i MB

图 4-55　数据淘金文本数据标注文本查看界面

对于标注完成的实体，还需要对其建立关系。切换到关系列表，单击“新建关系”按钮，选择实体 A 和实体 B，并选择两者的对应关系(关系方向为 A 到 B)，单击“确定”按钮。新建的关系出现在关系列表里，单击“保存”按钮完成文本的标注。

在任务列表，单击“查看图谱”按钮，可以打开标注文本对应的知识图谱。系统界面可参考图 4-56。

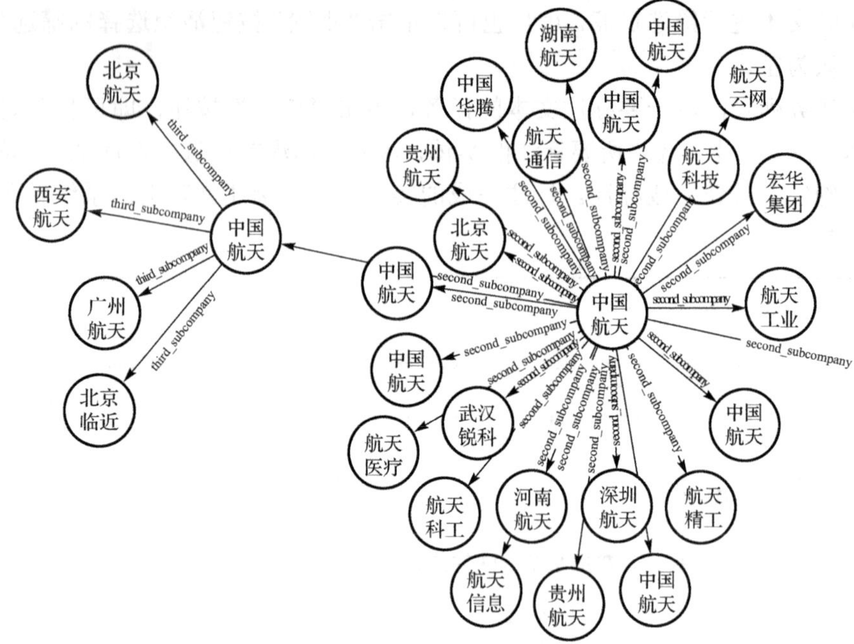

图 4-56　数据淘金文本数据标注实体关系

2. 任务管理

进入图谱标注的任务管理，可以根据任务的状态(全部、已启用或者已禁用)进行任务的筛选，也可以根据任务的名称进行搜索。系统界面可参考图 4-57。

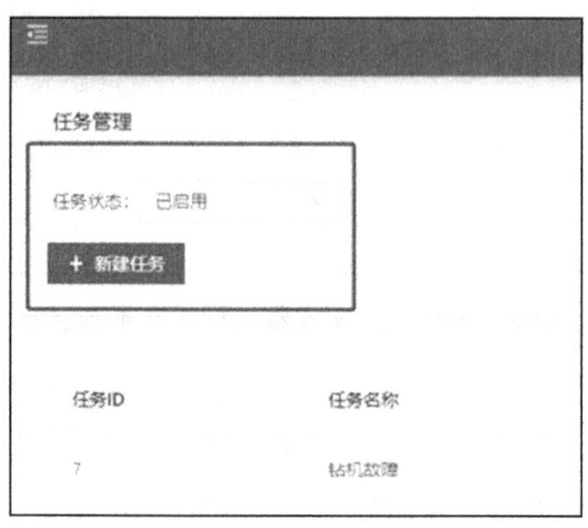

图 4-57　数据淘金文本数据标注图谱界面

单击“新建任务”按钮，打开“新建标注任务”窗口。输入任务名称，选择对应的分类类型(标注规则)，选择任务状态，上传所需要标注的文件，选择标注分配人员和审核人员，单击“任务提交”按钮，任务就可以新建完成。系统界面可参考图 4-58。

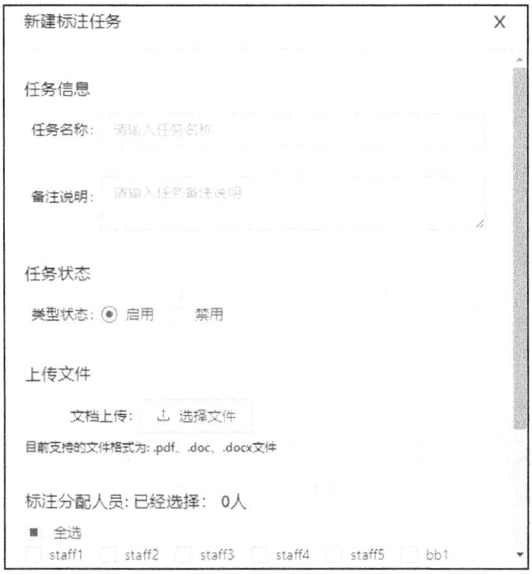

图 4-58　数据淘金文本数据标注实体关系新建界面 1

单击任务列表的“编辑”按钮，可以更改任务的状态。状态为“已禁用”的任务不可以进行标注任务。系统界面可参考图 4-59。

图 4-59　数据淘金文本数据标注实体关系新建界面 2

3. 标注关系管理

进入“标注关系管理”界面，可以根据标注规则状态(全部、已启用或已禁用)筛选标注规则，也可以根据标注规则的名称进行搜索。系统界面可参考图 4-60。

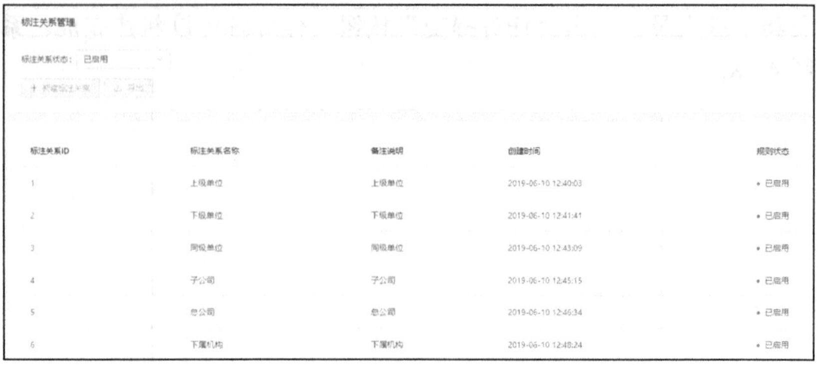

标注关系管理

标注关系状态：已启用

标注关系ID	标注关系名称	备注说明	创建时间	规则状态
1	上级单位	上级单位	2019-06-10 12:40:03	· 已启用
2	下级单位	下级单位	2019-06-10 12:41:41	· 已启用
3	同级单位	同级单位	2019-06-10 12:43:09	· 已启用
4	子公司	子公司	2019-06-10 12:45:15	· 已启用
5	总公司	总公司	2019-06-10 12:46:34	· 已启用
6	下属机构	下属机构	2019-06-10 12:48:24	· 已启用

图 4-60　数据淘金文本数据标注关系管理

4.3.8　权限管理

只有管理员有权限进入权限配置界面，对于用户进行权限配置。权限配置界面可以配置用户的账号、角色以及可访问的页面。

1. 用户管理

用户可以根据用户名进行搜索，也可以单击“新增用户”按钮进行新用户的添加。

在添加新用户时，输入新用户的昵称和新用户对应的角色(管理员、审核员或者标注员)，单击“确定”按钮完成新用户的添加。系统界面可参考图 4-61。

图 4-61　数据淘金文本标注用户新建界面

在用户列表，选择用户对应的“编辑”按钮，可以编辑用户的信息。单击“删除”按钮，可以删除该用户的信息。

2. 角色管理

在“角色管理”界面，管理员可以配置角色以及对应的权限。系统默认有 3 个角色：管理员、标注员和审核员。系统界面可参考图 4-62。

角色管理

ID	角色名	source	简介	操作
1	管理员	administrator	管理员	编辑
2	标注员	staff	标注员	编辑
3	审核员	assessor	审核员	编辑

共3条 1

图 4-62　数据淘金文本标注用户角色分配界面

选择某个角色对应的编辑按钮，打开修改角色配置窗口。在该窗口，可以修改该角色对应的权限。单击“确定”按钮完成权限的修改配置。

3. 资源管理

在资源管理界面，管理员可以对于系统的资源进行修改。每个资源对应的是角色管理里面的角色权限配置的页面。系统界面可参考图 4-63 与图 4-64。

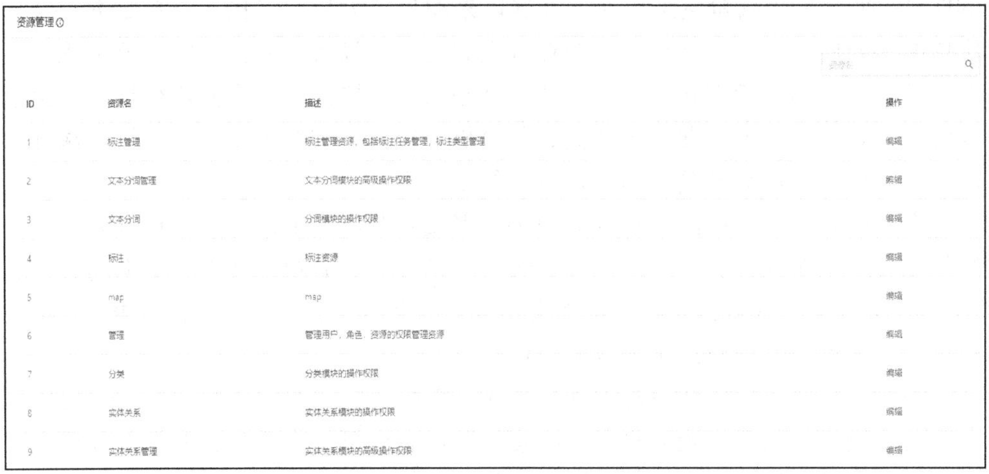

资源管理

ID	资源名	描述	操作
1	标注管理	标注管理资源，包括标注任务管理，标注类型管理	编辑
2	文本分词管理	文本分词模块的高级操作权限	编辑
3	文本分词	分词模块的操作权限	编辑
4	标注	标注资源	编辑
5	map	map	编辑
6	管理	管理用户，角色，资源的权限管理资源	编辑
7	分类	分类模块的操作权限	编辑
8	实体关系	实体关系模块的操作权限	编辑
9	实体关系管理	实体关系模块的高级操作权限	编辑

图 4-63　数据淘金文本标注用户权限管理界面 1

图 4-64　数据淘金文本标注用户权限管理界面 2

4.4　INDICS 平台数据访问

数据淘金作为 INDICS 平台“脑舱室站金”整体产品的有机组成部分，承担所有产品的数据分析、数据挖掘工作。INDICS 工业互联网平台作为由 INDICS 平台建设的我国第一个工业互联网平台，承载了我国工业互联网发展的重大期望。INDICS 平台及“脑舱室站”业务开展以来积累了大量用户接入设备数据与合作伙伴的工业应用。当前平台上的企业数据如交易、设备等数据也缺少分析挖掘。而设备全生命周期管理作为当前工业互联领域最重要的应用方向，数据淘金也通过对 INDICS 平台的企业设备数据进行分析、挖掘，结合人工智能领域的深度学习等相关技术，以设备分析为切入点进行了探索。

宏观层面上，数据淘金从行业和企业聚类两个层次上进行数据挖掘分析，提供行业视角和企业聚类视角的数据报表与咨询服务；微观层面上，数据淘金打通“脑舱室站”全流程数据，从个体企业视角挖掘个体企业的生产经营数据、设备数据和运维数据等数据资产里的隐藏价值。

企业在使用此功能服务时，须是 INDICS 平台企业用户，且按照 INDICS 平台的要求接入了相关的企业设备。在使用时，企业可以查看自身的设备分析、本行业企业的设备运行分析以及本区域的设备分析。

4.4.1　企业设备状态分析概览

企业使用 INDICS 平台注册账号并用账号登录数据淘金后，通过单击“设备分析场景”按钮进入相关页面。数据淘金设备分析场景如图 4-65 所示。

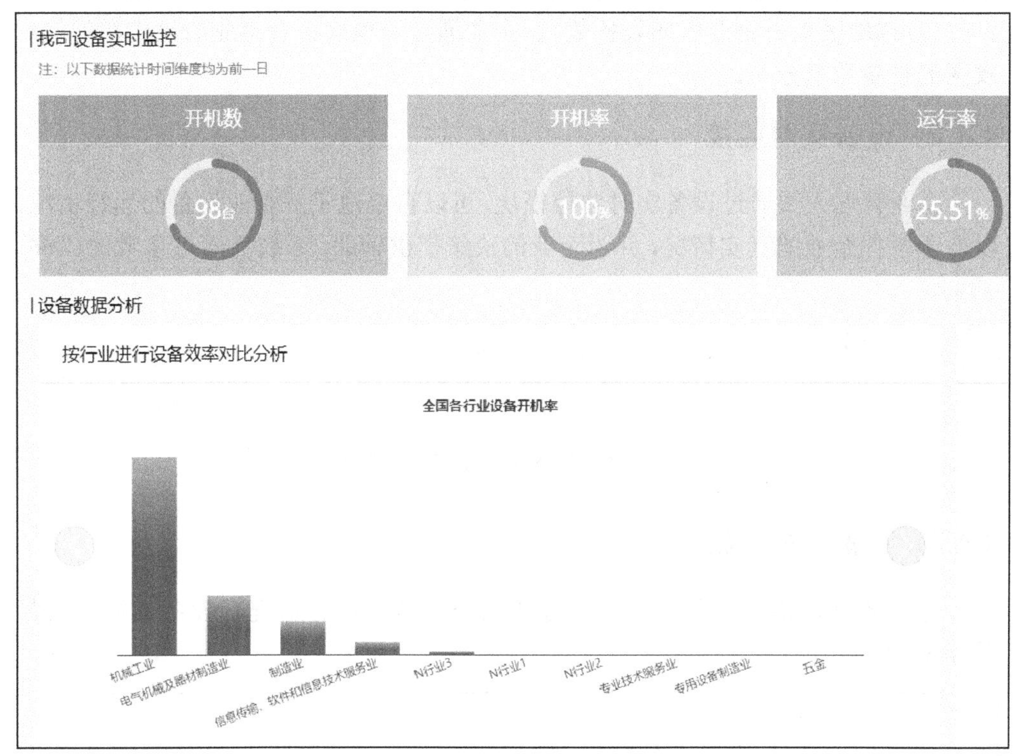

图 4-65　数据淘金设备分析场景

数据淘金设备分析场景包括以下功能模块。

1. 设备实时监控模块

设备实时监控提供企业接入设备的实时运行状态，包括开机数、开机率、运行率、故障率以及待机率。

2. 设备数据分析模块

该模块包含两个功能块，从宏观角度为企业设备运行状态提供参考。

(1) 按行业进行设备效率对比分析。

(2) 按地区查看全国设备效率。

3. 设备实时监控设备情况盘点

该模块从企业自身角度为企业提供企业设备的运行状态监控。

(1)设备情况盘点。用户可以通过本模块查看企业自身所属设备的数量，如设备总数、开机设备总数、运行设备数量、故障设备数量以及待机设备数量。

(2)按地区查看企业所属设备数量。企业通过该模块查看企业的设备在省级行政区的设备数量分布。

4.4.2 设备实时监控

企业管理人员通过设备实时监控模块，可以直观地了解企业设备的运行情况，以便于掌握企业的真实情况，并为企业的决策提供辅助。系统界面可参考图 4-66。

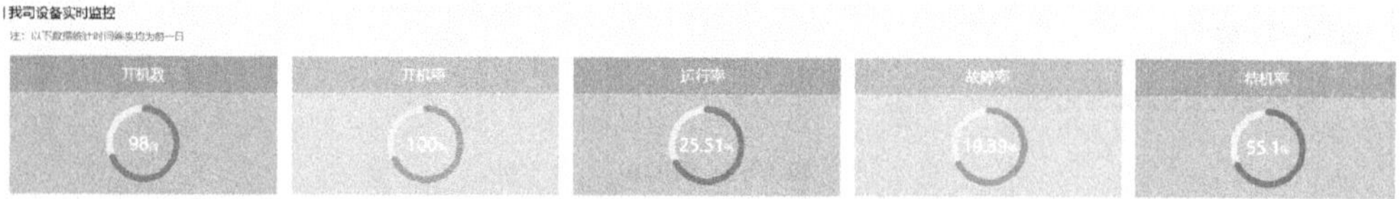

图 4-66　设备实时监控场景界面

4.4.3 设备数据分析

企业通过设备数据分析了解各行业同类设备的运行情况。设备数据分析如图 4-67 所示。

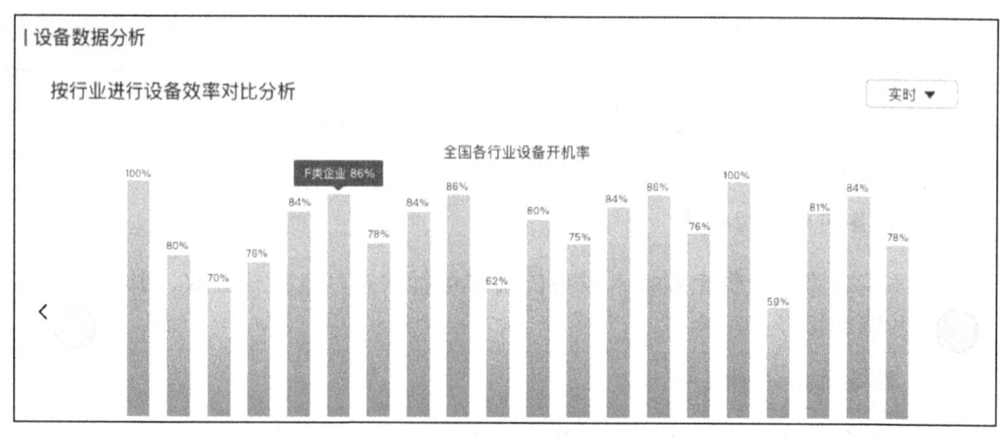

图 4-67　设备数据分析

用户可以通过下拉选择实时分析数据、上一周数据、上一月数据以及上一年数据。系统会根据用户的选择刷新页面。

用户也可以通过单击“改变”按钮查看故障率、待机率以及运行率。

4.4.4 按地区查看全国设备效率

企业可以根据地区查看全国设备效率，如图 4-68 所示。

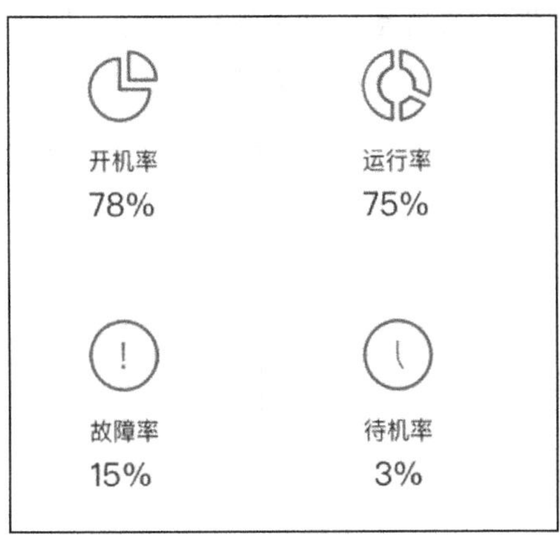

图 4-68 根据地区查看全国设备效率

地区分布图展示全国各地区的设备效率统计数据，默认展示该企业设备数量最多的省份数据，单击地图上的其他省份，被单击省份在地图上高亮，显示省份标签，右边显示该省份的数据。数据包括开机率、运行率、故障率以及待机率。

4.4.5 企业自身设备数量盘点

企业可以查看企业自身所有设备的运行效率。企业自身设备运行效率如图 4-69 所示。

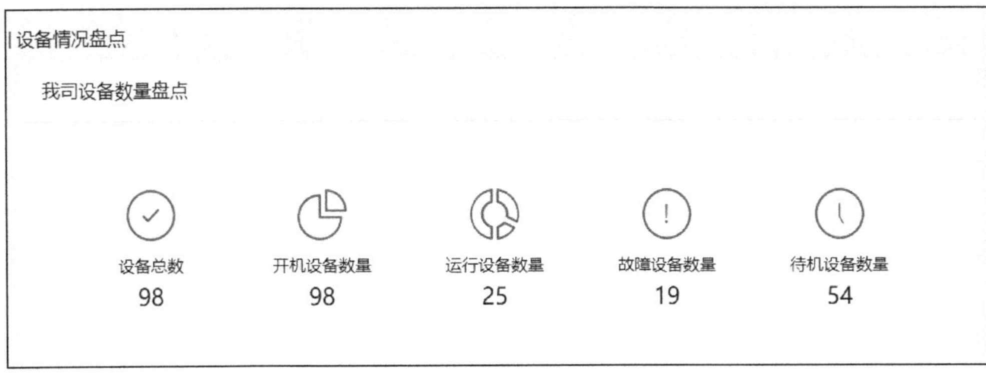

图 4-69 企业自身设备运行效率

4.4.6　企业自身设备地区分布

企业可以查看企业自身所有设备的运行效率。地区分布图展示全国各地区的设备效率统计数据，默认展示该企业设备数量最多的省份数据，单击地图上的其他省份，被单击省份在地图上高亮，显示省份标签，右边显示该省份的数据。数据包括开机率、运行率、故障率以及待机率。

第 5 章　数据淘金开发/应用环境

本章主要阐述数据淘金的开发环境，包括物理环境、网络环境、业务环境等，以及如何进行配置以进行应用 APP 的开发。

5.1　开发/应用环境简介

1. 物理环境

数据淘金当前部署在航天云网数据中心，通过数据中心为数据淘金提供基础运行环境。

系统网络采用二层结构进行网络设计，根据业务进行分区，包括：前端接入区、后端数据服务器区。各区均采用相应安全防护措施。

(1) 前端接入区。前端接入区由前端服务器和防火墙构建，负责整个平台应用业务数据客户端的出入口。该区在相应安全防护措施的基础上，搭配防火墙进行安全防护和管理。

(2) 后端数据服务器区。采用前后端分享的软件设计模式，后端两台数据处理服务器进行人工智能、知识图谱的数据分析，通过防火墙隔离的方式使得应用数据、接口不对外暴露确保应用数据安全。

2. 系统网络结构

根据业务需求，数据淘金需要理解用户问题的自然语言，以便捷直观的方式给用户提供专用数据、行业信息和专业知识服务；通过多轮人机对话机制聚焦用户意图，从行业专家的角度给用户提供专业建议、技术思路和解决方案，所以前端作为一个信息的输入，后端作为一个信息的处理并反馈给前端。系统网络结构图如图 5-1 所示。

3. 数据存储层

数据淘金整体架构中使用到的数据软件，都是当前软件行业主流稳定的安全版本，其中数据库有 MySQL 5.7、Elasticsearch 6.3、Neo4j 3.5、Redis4.0，这些版本都是在大量的生产环境得到实践的，开发过程中严格按照软件行业标准执行，确保整个数据淘金的软件安全。

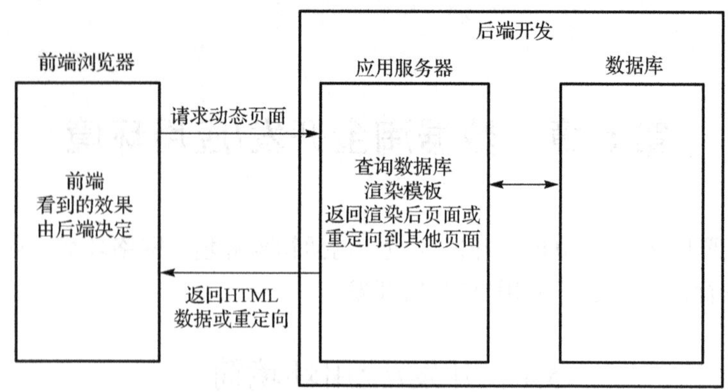

图 5-1 系统网络结构图

4. 业务结构

数据淘金整体业务结构包括人机交互层、语义识别层和知识检索层。

(1) 人机交互层，前端页面提供问答输入输出接口。

(2) 语义识别层，通过人工智能算法对输入的问题进行解析。

(3) 知识检索层，依据上层解析，通过 ES、Neo4j 对答案进行检索。

5. 软件类型

数据淘金的软件主要包括数据库相关软件、算法相关软件、前后端开发相关软件以及相关开发工具。

(1) 数据库：MySQL、Elasticsearch、Neo4j、Redis。

(2) 算法：Python、Anaconda。

(3) 前后端：node.js、JavaScript、Java。

5.2 开发环境配置

5.2.1 自动化脚本

数据淘金是一个人工智能的应用，软件的开发迭代使用了主流的框架，加上一些自动化发布的工具、脚本。下面就是一个自动发布前端代码的一个脚本片段。

```
node_dir=/data/sdv1/dvmss-nodejs
job=chtest
forever stop $node_dir/$job/app.js
rm -rf $node_dir/$job
```

```
cd $node_dir
expect -c "
spawn git clone https://git.dev.tencent.com/ztest/chtest.git
expect {
\"*Username\" {set timeout 5;send \"user\r\";exp_continue;}
\"*Password\" {set timeout 5;send \"paswd\r\";exp_continue;}
}
expect eof
"
cd $node_dir/$job
npm install
sed -i '3c \"serverUrl": "http://10.159.26.X:XXX"\' config.json
forever start $node_dir/$job/app.js
```

5.2.2 算法模块

该代码片断为 Python 知识图谱调用的模块，主要功能是实现 NLP 自然语言的处理。

```
class MyEncoder(json.JSONEncoder):
    def default(self, obj):
        if isinstance(obj, np.ndarray):
            return obj.tolist()
elifisinstance(obj, bytes):
return str(obj, encoding='utf-8');
return json.JSONEncoder.default(self, obj)
def get_accessToken_info():
    http=urllib3.PoolManager()
    url1="http://gapi.casicloud.com/indics-register/zuul/
oauth/token_keys"
t_ms_int=int(round(time.time()*1000))
    fields1={'t': str(t_ms_int),'clientId':'a4b41e6b534d42e09
d67347d809fe7c9','clientSecret':'61eaa843d21e4a14b44be2dd001d933b',
'orderSecret':'bf07b3cdace842cd8a0064b351152a02','userName':'yw_vzb3
gziwmjp1hti'}
get_accessToken=http.request('GET',url1,fields=fields1)
accessToken_data=json.loads(get_accessToken.data.
decode('utf-8'))
    if (get_accessToken.status==200) & (accessToken_data['code']
==200):
```

```
            try:
        accessToken=accessToken_data['data']['accessToken']
        expiresTime=int(accessToken_data['data']['expiresTime']) +
t_ms_int
            except KeyError:
        print('zuul/oauth/token_keys API not get token_key')
            except TypeError:
        print('transform expiresTime to int is wrong')
            else:
                return (fields1['clientId'], accessToken,
expiresTime)
          else:
            print(accessToken_data)

        def get_new_accessToken_info():
        temp_data_token=None
          total=0
          while (temp_data_token==None) | (total < 20):
        temp_data_token=get_accessToken_info()
            total=total + 1
          return temp_data_token

        app_key, access_token, expiresTime=get_new_accessToken_info()
        def judge_accessToken_effective():
          http=urllib3.PoolManager()
        url="http://gapi.casicloud.com/api/iotAsset/v2/statistics/
countsInfo.ht"
        global app_key, access_token, expiresTime
```

5.2.3 后端模块调用

后端模块采用Java语言实现，后端需要收集前端页面的问答信息，调用Python人工智能模型的问答接口，反馈问题的答案。

```
        import java.util.regex.Pattern;
        public class RequestBodyAdviceUtil {

          private static final byte[] LOCKER=new byte[0];

          private static RequestBodyAdviceUtilrequestBodyAdviceUtil;
```

```
        private Pattern requestBodyParamsRegPattern;
        public RequestBodyAdviceUtil(){
    requestBodyParamsRegPattern=Pattern.compile("'[{](.*?)[}]'");
        }

        public static RequestBodyAdviceUtilgetRequestBodyAdvice-
UtilInstance() {
            if (null==requestBodyAdviceUtil) {
                synchronized (LOCKER) {
                    if (null==requestBodyAdviceUtil) {
    requestBodyAdviceUtil=new RequestBodyAdviceUtil();
                    }
                }
            }
            return requestBodyAdviceUtil;
        }

        public Pattern getRequestBodyParamsRegPattern() {
            return requestBodyParamsRegPattern;
        }
    }
```

5.3 系 统 部 署

数据淘金可以部署在云服务器上，以 SAAS 服务的形式向客户提供服务；也可以根据客户的要求部署在私有化的环境中，向用户提供专属服务。本节主要介绍数据淘金部署的软硬件需求以及日常维护的相关配置。

5.3.1 系统部署运维

本节主要介绍数据淘金部署的软硬件需求以及安全等相关要求。

1. 服务器角色

根据系统化分的不同模块，部署安装工具将根据以下服务器角色的划分进行部署和配置。服务器角色的划分并不代表一个服务器角色必须独立安装在一台服务器上，仅代表这些角色相对独立。实际部署时，可组合安装在同一台物理服务器上，但完成相对独立的任务。表 5-1 详细介绍了部署服务器需求。

表 5-1　部署服务器需求

测试环境	数据：MySQL,Elasticsearch, Neo4j, Redis 算法：Python, Anaconda 前端：nodejs, Javascript
开发环境	数据：MySQL,Elasticsearch,Neo4j, Redis 算法：Python, Anaconda 前端：nodejs,Javascript
正式环境	数据：MySQL, Elasticsearch, Neo4j, Redis 前端：nodejs, Javascript 算法：Python, Anaconda

2. 部署拓扑图

部署拓扑图显示数据淘金系统中软件和硬件的物理架构，从部署图中可以了解到软件和硬件组件之间的物理关系以及处理节点的组件分布情况。数据淘金的部署拓扑图如图 5-2 所示。

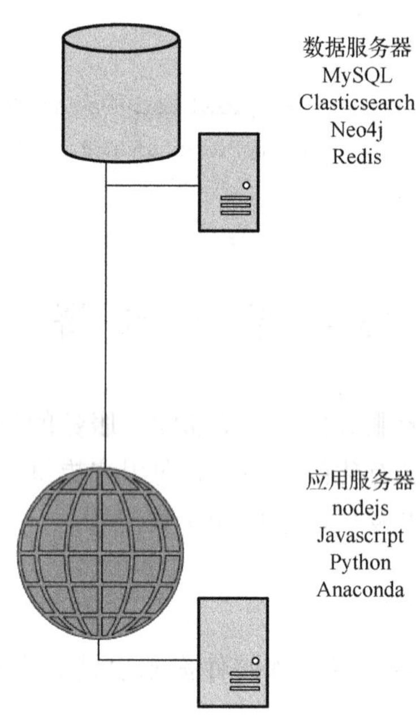

图 5-2　数据淘金的部署拓扑图

3. 软件需求

整个系统基于 Linux 平台，根据实际部署情况，可能需要用到以下第三方软件。

1）服务器端软件

（1）Java Runtime。

(2) Tomcat。

(3) Nginx。

(4) MongoDB。

(5) MySQL。

(6) ELK。

(7) Neo4j。

(8) Anaconda。

(9) Python3.6。

2) 客户端软件

(1) Windows 7。

(2) Windows 10。

(3) Chrome/IE/Firefox。

4. 硬件需求

表 5-2 是基于实际业务需求给出服务器需求和配置的参考值。

表 5-2　数据淘金硬件需求参考值

业务模型	业务需求扩展
服务器基本配置如下： 服务器单块网卡带宽利用率为 60%，机房出口带宽为 1GB	数据留存时间加倍，则用于存储的服务器数量加倍

表 5-3 展示数据淘金硬件实际业务需求服务器详单。

表 5-3　数据淘金硬件实际业务需求服务器详单

服务器		服务器数目
存储服务器	Neo4j	3
	MySQL	3
	ELK	1
支撑服务器	前端部署	1
	后端部署	1

注：以上数据仅为理论值，与实际情况可能有出入。部分服务器可以合并部署，实际服务需要数量，还需部署后根据运营情况、网络状况、服务器配置等进行调整。

5. 安全需求

通常缺省安装配置下的服务器操作系统和数据库面临着来自网络和内部的信息泄露、密码窃取、拒绝攻击服务、缓冲区溢出等安全威胁，缺省配置下的操作系统服务无法有效地识别黑客后门程序及木马等；同时数据面临的风险也包括未授权人群访问，以及数据信息遭到意外或故意破坏、感染、腐化威胁。针对本项目在数据库安全、操作系统安全方面，采用身份认证、数据库审计、策略控制等安全机制，可以规避本项目的数据丢失、被非法修改、日常违规操作、身份伪造等风险。

5.3.2 运营后台

数据淘金运营后台(P2)给系统管理员提供系统配置以及系统管理的能力。

1. 后台用户管理

(1)搜索。可以按照用户名、用户账号进行搜索，搜索到的结果通过列表展示。

(2)查看用户。查看用户的详细信息、登录信息、操作记录等。

(3)管理用户。可以对用户的名字、账号、地址、邮箱等其他信息进行修改。可以将用户禁用、恢复可用。

(4)重置用户密码。有权限的管理员可以将用户密码重置。

2. 系统监控

(1)平台服务器列表。以列表形式展现平台所有服务器，列表中包括服务器名称、服务器 IP、服务器状态等信息。

(2)监控平台服务器运行状况。可以指定服务器查看服务器详细运行参数。

3. 系统配置

(1)查看平台系统配置。列出平台正在使用的系统配置。

(2)修改平台系统配置。有权限的管理员可以针对某项配置进行修改。

4. 系统日志

(1)系统日志查看。可以按照时间顺序列出系统日志、用户操作日志。

(2)系统日志搜索。根据关键词、类别、时间、用户等查找系统日志。

第6章　数据淘金应用实例

本章主要以两个案例入手，介绍数据淘金在实际生产中如何帮助企业提升生产运营效率，践行数据推动工业企业发展。

工业制造设备面临着巨大的运维挑战，设备计划外停机不仅严重影响了制造效率和质量，也给制造企业带来高额的维护保养成本。任何设备都可能在生命周期中，因为设备疲劳衰退，或者外界干扰，发生故障。尤其在生产环节中，保证设备的可持续性运行是设备维护的目的所在。

固定运行时间间隔或者固定运行距离的保养称为例行维护，就像每年例行体检一样，是目前设备维护的主流方法。在真实场景中，不同的设备在不同的时间段，都可能经历不同的状态。这种针对不同的运行条件，却给出相同的维护方法，要想在精度和成本上达到最优几乎是不可能的。

简单易行是例行维护的最大优点。例行维护在现实中既不经济，也不智能，但是它有一个最大的优点，那就是简单。使用者不需要时刻监控设备的运行状况，只要按照手册按部就班执行维护工作即可。

简单易行是以更高的维护成本与较低的正确率为代价的。要想提高维护精度，降低设备故障的概率，往往是依靠提高例行维护的密度来实现的；同样，要降低维护成本，也要以更高的设备故障为代价。例行维护往往根据设备故障潜在的严重后果来增加维护频率来降低故障概率，往往同时也增加了运行成本。

随着人工智能在工业应用的兴起，越来越多的公司开始采用一些基于人工智能的方法，希望同时降低故障概率和降低运行成本。这种方法称为预测性维护。预测性维护是随着IoT、大数据等技术的成熟而产生的，它不仅可以对设备实时监测，进行大数据分析，提前感知设备故障，而且可以远程服务和提前排查故障隐患，使得维护变得更加智能，运营更加可靠，成本也更低。在预测性维护中，工程师利用传感器搜集的数据，提取传感器数据的有效成分，基于这些数据特征进行故障模型建模，可以预测设备的剩余使用寿命（RUL）或者诊断故障类型，并在生产环境中进一步搜集不断优化预测模型。一个合理的预测性维护模型可以在提高预测故障精度的同时，降低设备维护成本，增加设备运行寿命，尽可能地减少甚至避免传统两次例行维护之间潜在的故障发生概率，最终实现设备的不停机运行。

本章主要从以下案例介绍数据淘金在预测性维护方面所做的工作。

6.1 应用场景

1. 实例应用背景

宏华集团有限公司是专业从事石油钻机、海洋工程及石油勘探开发装备的研究、设计、制造、总装成套的大型设备制造及钻井工程服务企业，是中国最大的石油钻机成套出口企业和全球最大的陆地石油钻机制造商之一。由于石油钻井场的运行环境一般位于自然条件较为艰苦的地区，近年来，监管对石油开采过程中的生态环境保护要求越来越高，以及人员流失率高等变化。宏华集团有限公司迫切需要提高其石油开采相关设备的智能化水平。从自动化向智能化迈进，通过智能化来应对上述变化。

2. 实例业务场景

数据淘金针对宏华集团有限公司的需求，为宏华集团有限公司搭建了基于石油钻井设备的故障实时监测与故障预测系统。

设备监控人员可以通过远程监测的手段，监控设备的实时运行情况。当设备有异常情况出现时，系统会自动告警，提示设备监控人员注意设备运行情况。设备监控人员可以根据系统的告警，利用数据淘金产品，使用文字、语音等方式，进行设备故障发生的原因查询得到故障排除建议。设备现场运维人员也可以通过上述方式获得设备故障排障的专业指导。

6.2 应用实例

宏华集团有限公司设备监测人员发现数据淘金系统告警提示设备应力值异常，通过数据淘金进行设备故障排除。

(1)设备监测人员首先调出详细应力值实时监测数据。调取设备实时监测详细数据如图 6-1 所示。

(2)用户询问设备状态。数据淘金调取监控实时数据，通过后台业务模型分析设备状态，并读取与分析知识库的相关内容，给出此状态的相关情况。设备状态分析如图 6-2 所示。

(3)用户询问故障产生的原因，数据淘金调取实时数据，逻辑判断后通过业务模型分析后推测原因。设备故障原因分析如图 6-3 所示。

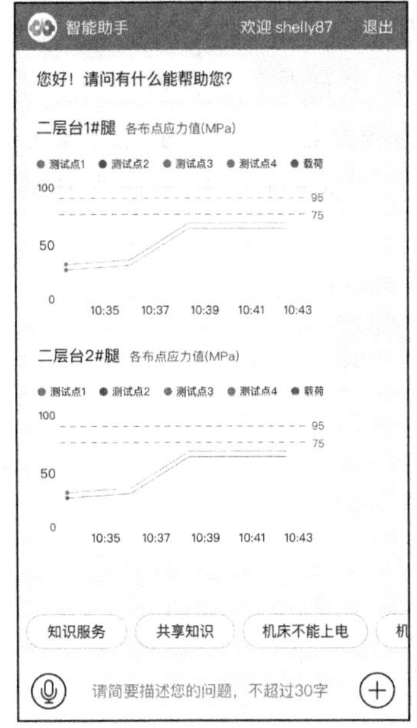

图 6-1　调取设备实时监测详细数据

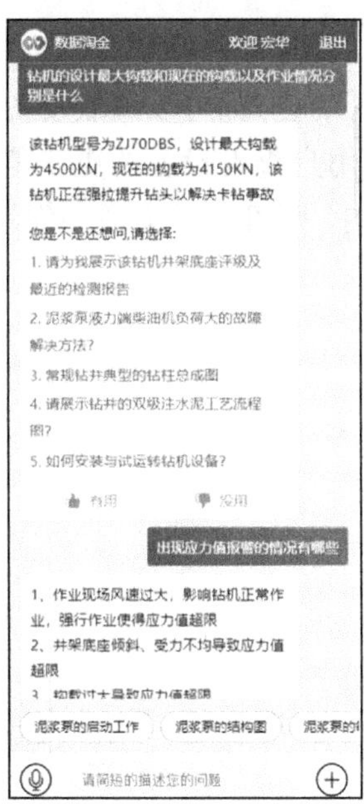

图 6-2　设备状态分析

(4)用户继续询问设备故障原因，依据实时数据与其他系统存储的知识，结合多业务模型分析后得出判断结果。设备故障原因分析如图 6-4 所示。

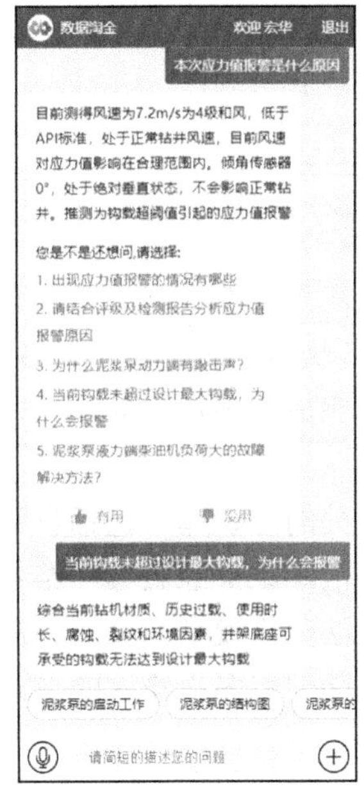

图 6-3　设备故障原因分析 1

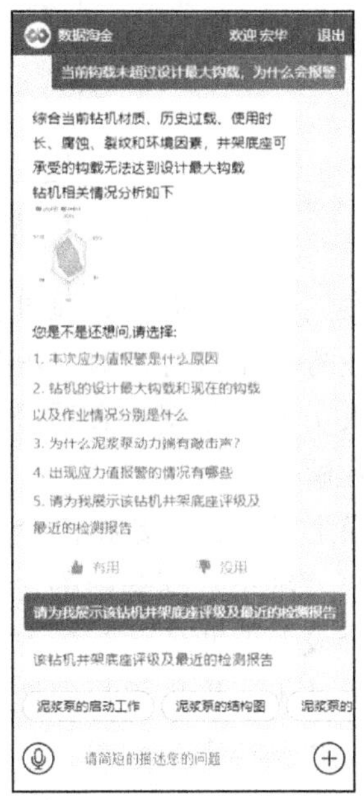

图 6-4　设备故障原因分析 2

(5)系统给出故障原因后，用户通过获得其他佐证材料来帮助确定系统给出的原因的正确性。如可以调取设备最新的评级报告，来查看关于设备的更多相关信息。

(6)用户查看设备的更多信息后，希望数据淘金给出最终的故障解决方案。若用户采纳，则可以马上通知现场维护人员，进行相关操作。故障解决方案如图 6-5 所示。

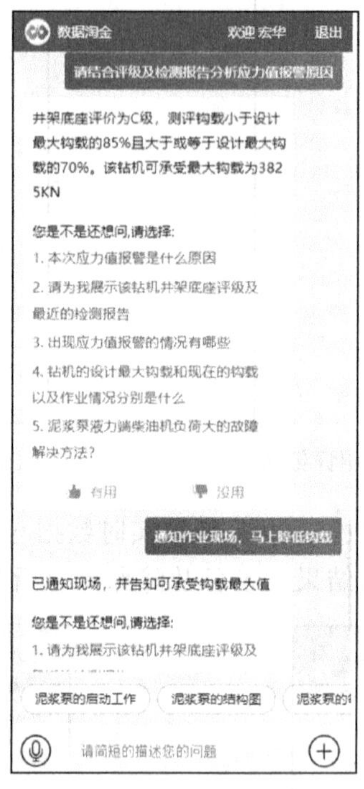

图 6-5　故障解决方案

在本案例中，数据淘金通过实时读取设备监测系统的数据，通过与数据淘金中的相关业务模型进行比对、分析，及时发现设备状态异常并通知设备监控人员。设备监控人员通过数据淘金系统的引导，一步步完成相关信息的输入，最终获取故障的专业解决方案。

为完成上述工作，数据淘金需要构建设备相关的知识库，包括设计数据、制造数据、故障维护数据等结构化数据，以及专家故障维护经验等非结构化数据；还需要结合设备的业务运行情况，开发相关的算法分析模型；最后还需要用人工智能等相关技术，提供用户便捷的输入方式，并能使用多次输入的形式，引导用户意图聚集并获得忠实意图。

附录1 名词解释

(1) 三类制造：智能制造、协同制造和云制造。

(2) 智能制造：将控制技术和机器逻辑引入制造过程，制造的体力劳动及人的智力劳动均得到一定程度的解放，实现生产线级乃至车间级的流水线自动化生产。

(3) 协同制造：将计算机网络技术、软件技术引入制造企业运行管理的内核之中，形成企业级乃至包括配套商、供应链和物流在内的协同制造体系。

(4) 云制造：运用大数据技术、人工智能技术以及互联网平台技术对制造业进行革命性改造所形成的一种全新制造形态。

(5) 工业互联网：能够支持工业企业智能制造、协同制造、云制造过程实现，支持企业智慧化运行，支持企业与用户从产品定制到售后服务的全程互动，支持企业间“信息互通、资源共享、能力协同、开放合作、互利共赢”的业务活动，支持“企业有组织、资源无边界，企业有产品、制造无限制，企业有规模、能力无约束，企业有销售、市场无障碍”生态形成的系统。

(6) 云制造产业集群生态：让制造业进一步专业化、分布化、社会化、智能化、协同化，简而言之，即实现制造业的云化改造。在实现制造业的云化改造过程中，完整独立的中小微企业将被迫或主动逐步压缩业务范围、减少管理职能、消减自成一体的生产性支撑机构，以工业互联网公共服务平台为依托，利用云制造产业集群生态提供的各种共享资源，形成深深植根于云制造产业集群生态、自身也是云制造产业集群生态一部分的新型企业。同时，积极加入云制造产业集群生态的大型、特大型制造企业，必将大幅削减那些并非自身强项、不具生态竞争力的业务和机构，以适应生态环境对于企业生存与发展的无形约束。

(7) 航天云网：采用 INDICS+CMSS 搭配，构建和涵养以工业互联网为基础的云制造产业集群生态，兼容智能制造、协同制造和云制造三种现代制造形态，运用大数据和人工智能技术以及第三方商业与金融资源，服务于制造业技术创新、商业模式创新和管理创新。其内在商业驱动力为 3M(省钱(to save money)、赚钱(to get money)、生钱(to make money))；其内在商业逻辑是促进技术创新、商业模式创新与企业管理创新关联互动，推动企业转型产业升级。

(8) CMSS：云制造支持系统(cloud manufacturing support system)，主要包括工业品营销与采购全流程服务支持系统、制造能力与生产性服务外协与协外全流程服务支持系统、企业间协同制造全流程支持系统、项目级和企业级智能制造全流程支持系统四个方面，采用“一脑一舱两室”(企业大脑、企业驾驶舱、云端业务工作室、云端应用工作室)的业务界面提供用户服务。企业大脑为科学决策层提供支撑和服务；企业驾驶舱为企业经营层管理提供服务；云端业务工作室为产供销提供集群化业务及周边业务提供支撑；云端应用工作室为定制、设计、研发、试验及售后技术服务提供支撑。

(9) INDICS：航天云网工业互联网空间(industrial internet cloud space)平台是以区块链、边缘计算、大数据智能、新一代人工智能技术等为核心的工业互联网开放空间，面向全球开发者、设备制造商和集成商以及合作伙伴提供全生命周期工业应用的开发、部署和运行环境。

(10) AOP (aerospace open platform)：航天开放平台，是一套应用开发与运行支撑平台，为开发者提供一站式开发、部署运行环境；是一套以工业数据为驱动，以云计算、大数据、物联网、人工智能为核心技术，面向工业应用的开放平台；是 INDICS 平台的重要组成。

(11) API (application programming interface)：支撑应用开发、应用部署及设备接入的程序接口。

(12) 工业 IoT (industrial internet of things)：工业物联网，是指将具有感知、监控能力的各类采集或控制传感器，以及泛在技术、移动通信、智能分析等融入工业生产过程各环节，从而大幅地提高制造效率，改善产品质量，降低产品成本和资源消耗。

(13) CRP (cloud resource plan)：云资源计划协同管理系统，是一套对企业间生产动态资源协同共享，并通过对资源的科学匹配、智能推荐开展企业内、跨企业有限产能高级排产的管理系统。通过有限产能高级排产实现对企业去库存、降成本和专业单元设备的有效利用，达到企业均衡生产的目的。

(14) CPDM (cloud product data management)：跨企业协同设计的云端产品数据管理系统，主要包括多维项目管理、协同设计管理、产品数据管理、协同研讨与审签管理、技术状态管理、基础数据与工程资源管理、消息管理和云端设计及三维可视化等功能，支持跨部门、跨企业和跨地域的云端协同设计。

(15) CMES (cloud manufacture execution system)：云制造执行系统，是利用云计算技术开发的针对企业生产制造过程管理和资源优化的集成运行系统，为企业提供生产计划、生产过程管控、质量管控、设备管理等日常管理业务解决方案，同时也为企业提供基于工业互联网的智能生产云服务，满足企业线上智能制造需求。通过线上与线下结合，为企业提供线上及工业现场整套智能制造解决方案。

(16) COSIM (collaborative simulation)：面向多学科领域，支持高层体系结构，基于 XML/Web 中间件技术和仿真组件引擎技术，由多个子部件组成，具有通用性、开放性和可扩展性的建模、调试、运行、评估一体化的建模仿真环境。

(17)虚拟工厂：在云平台上构建与实际工厂中物理环境、生产能力和生产过程完全对应的虚拟制造系统，集成企业接入的各类制造信息，支持企业生产能力展示、产线规划仿真、车间生产监控管理等功能。

(18)IPv6(internet protocol version 6)：扩展互联网IP地址数量，满足更多设备需求，增加了安全性，但是不能改变已有的连接速度。IPv6是互联网工程任务组(internet engineering task force，IETF)设计的用于替代现行版本IP协议(IPv4)的下一代IP协议。IPv4最大的问题是网络地址资源有限，严重制约了互联网的应用和发展。IPv6的使用不仅解决了网络地址资源数量有限的问题，而且也解决了多种接入设备连入互联网的障碍。

(19)人工智能：研究开发用于模拟、延伸和扩展人的智能的理论、方法、技术及应用系统的一门新的技术科学。

(20)区块链：一种公共记账的机制，通过建立一组互联网上的公共账本，由网络中的所有用户共同在账本上记账与核账，以保证信息的真实性和不可篡改性。区块链具有去中心化、去信任化、可扩展、匿名化、安全可靠等特点。

(21)边缘计算：在靠近物或数据源头的网络边缘侧，融合网络、计算、存储、应用核心能力的开放平台，就近提供边缘智能服务，满足行业数字化在敏捷连接、实时业务、数据优化、应用智能、安全与隐私保护等方面的关键需求。

(22)协作用户：通过发布需求、响应报价、进行优选、完成交易、质量认证等方式使用INDICS平台的用户。

(23)工业互联网指数：智能制造指数、协同制造指数和云制造指数。其中，智能制造指数反映制造企业智能化改造的进程与程度；协同制造指数由行业协同指数和跨域协同指数构成，反映制造企业在智能制造基础上依托互联网技术和并行工程的协同制造程度；云制造指数反映制造企业在协同制造基础上开展云制造业务的程度与广度。

附录 2　产品及专业术语

(1) 企业大脑。企业决策支持系统，俗称企业大脑，英文为 enterprise decision support system，缩写为 EDSS。

(2) 企业驾驶舱。企业运行支持系统，俗称企业驾驶舱，英文为 enterprise operational support systems，缩写为 EOSS。

(3) 云端业务工作室。企业交易流程支持系统，俗称云端业务工作室，英文为 enterprise transaction process support system，缩写为 ETPSS。

(4) 云端应用工作室。企业制造过程支持系统，俗称云端应用工作室，英文为 enterprise manufacturing process support system，缩写为 EMPSS。

(5) 企业上云服务站。网络接入服务系统，俗称企业上云服务站，英文为 enterprise network access service system，缩写为 ENASS。

(6) 中小企业服务站。企业管理外包服务系统，俗称中小企业服务站，英文为 enterprise management outsourcing service system，缩写为 EMOSS。

(7) 数据淘金软件。价值挖掘服务系统，俗称数据淘金软件，英文为 data value mining service system，缩写为 DVMSS。

(8) 现金流量是现代理财学中的一个重要概念，是指企业在一定会计期间按照现金收付实现制，通过一定经济活动(包括经营活动、投资活动、筹资活动和非经常性项目)而产生的现金流入、现金流出及其总量情况的总称，即企业一定时期的现金和现金等价物的流入和流出的数量。

(9) 收入利润率指企业实现的总利润对同期的销售收入的比率。收入利润率指标既可考核企业利润计划的完成情况，又可比较各企业之间和不同时期的经营管理水平，提高经济效益。收入利润率=利润总额/销售收入。

(10) 资产负债率又称举债经营比率，它用于衡量企业利用债权人提供资金进行经营活动的能力，以及反映债权人发放贷款的安全程度的指标，通过将企业的负债总额与资产总额相比较得出，反映在企业全部资产中属于负债比率。资产负债率=负债总额/资产总额×100%。

(11) 全员劳动生产率。根据产品的价值量指标计算的平均每一个从业人员在单位时间内的产品生产量。全员劳动生产率是考核企业经济活动的重要指标，是企业生产技术水平、经营管理水平、职工技术熟练程度和劳动积极性的综合表现。全员劳动生产率=工业增加值/全部从业人员平均人数。

(12)工资产出比。工资率是指单位时间内的劳动价格。工资率=单位劳动的产出，即 $w=Y/L$，因为劳动的投入一般只用时间来度量，所以也就是单位时间的报酬。工资产出比=人均劳动生产力/人均薪资×100%。

(13)净资产收益率又称股东权益报酬率或净值报酬率或权益报酬率或权益利润率或净资产利润率，是净利润与平均股东权益的百分比，是公司税后利润除以净资产得到的百分比率，该指标反映股东权益的收益水平，用以衡量公司运用自有资本的效率。指标值越高，说明投资带来的收益越高。该指标体现了自有资本获得净收益的能力。净资产收益率=税后利润/所有者权益。

(14)周转率。周转率=销售成本/平均存货余额；货周转率(次数)=营业收入/存货平均余额(该式主要用于获利能力分析)。

附录 3　数据淘金数据库关键表

用户表：用于存储用户登录相关信息，用户表数据结构见附表 3-1。

附表 3-1　用户表数据结构

英文名	中文名	数据类型	备注
id	ID	int	主键
scene_id	场景 ID	varchar	场景 ID
account	账户名	varchar	账户名
pwd	密码	varchar	密码
salt	密码加盐	varchar	密码加盐
org_id	组织 ID	int	组织 ID

机构对应场景表：机构对应场景，机构对应场景表见附表 3-2。

附表 3-2　机构对应场景表

英文名	中文名	数据类型	备注
id	ID	int	主键
scene_id	场景 ID	varchar	场景 ID
org_UUID	机构 ID	varchar	机构 ID

场景底部推荐表：用于存放底部推荐的问题和答案，表结构见附表 3-3。

附表 3-3　场景底部推荐表

英文名	中文名	数据类型	备注
id	ID	int	主键
scene_id	场景 ID	varchar	场景 ID
context	底部推荐问题	varchar	底部推荐问题

场景分类表：用于区分不同场景，表结构见附表 3-4。

附表 3-4　场景分类表

英文名	中文名	数据类型	备注
id	ID	int	主键
scene_name	场景名称	string	场景名称
scene_id	场景 ID	string	场景 ID

场景推荐问题内容表：用于存放场景推荐的问题，表结构见附表 3-5。

附表 3-5　场景推荐问题内容表

英文名	中文名	数据类型	备注
id	ID	int	主键
scene_id	场景 ID	varchar	场景 ID
context	内容	varchar	内容

场景推荐顶部问题内容表:用于存放场景顶部推荐的问题,表结构见附表 3-6。

附表 3-6　场景推荐顶部问题内容表

英文名	中文名	数据类型	备注
id	ID	int	主键
scene_id	场景 ID	varchar	场景 ID
name	名称	varchar	名称
image	图片地址	varchar	图片地址
context	内容	varchar	推荐问题

用户意图槽值表：用来存放不同场景下的用户意图对应的槽及表名，表结构见附表 3-7。

附表 3-7　用户意图槽值表

英文名	中文名	数据类型	备注
intent_id	意图 ID	int	意图 ID
slot	槽	varchar	槽
slot_table	槽对应表	varchar	槽对应表
answer	答案	varchar	答案

参 考 文 献

曹存根, 1998. NKI 2 21 世纪的科技热点[J]. 计算机世界报, 5: 1-3.

吴友政，赵军，段湘煜，等，2005. 问答式检索技术及评测研究综述[J]. 中文信息学报，19: 12-13.

杨晓明，罗振声，2006. 模式匹配在中文问答系统中的应用研究[J]. 科学技术与工程，3: 319-322.

钟海，2015. 大数据在工业制造业的应用与研究[J]. 企业技术开发, 34(13): 104-106.

ALESSANDRO S, MICHEL G, MICHAEL A, et al, 2015. A neural network approach to context-sensitivegeneration of conversational responses[C]. Proc. of NAACL-HLT: 274-281.

BANKO M, CAFARELLA M J, SODERLAND S, et al, 2007. Open information extraction from the web[J]. IJCAI:2670-2676.

BORDES A, USUNIER N, GARCIA-DURAN A, et al, 2013. Translating embeddings for modeling multi-relational data[J]. Advances in neural information processing systems: 2787-2795.

DONG L, WEI F, ZHOU M, et al, 2015. Question answering over freebase with multi-column convolutional neural networks[C]. Meeting of the Association for Computational Linguistics, Beijing: 260-269.

HUANGZ H, XU W, YU K, 2015. Bidirectional LSTM-CRF models for sequence tagging[J]. arXiv:1508.01991.

JOULIN A, GRAVE E, et al, BOJANOWSKI P, et al, 2016. Bag of tricks for efficient text classification[J]. arXiv:1607.01759.

KWOK C, ETZIONI O, WELD D S, 2001. Scaling question answering to the Web[C]. Proceedings of the 10th World Wide Web Conference (WWW2001), Hong Kong: 150-161.

MINTZ M, BILLS S, SNOW R, et al, 2009. Distant supervision for relation extraction without labeled data[C]. Association for Computational Linguistics, Singapore: 178-181.

OREN E, MICHAEL C, DOUG D, et al, 2005. Unsupervised named-entity extraction from the web: An experimental study[J]. Artificial intelligence, 165(1): 91-134.

SERBAN I V, SORDONI A, BENGIO Y, et al, 2015. Building end-to-enddialogue systems using generative hierarchical neural network models[C]. Proceedings of AAAI Tokyo:78-83.

WANG Z, ZHANG J W,FENG J L, et al, 2014. Knowledge graph embedding by translating on hyperplanes[C]. Proceedings of AAAI, Québec City: 1112-1119.

WEI S, WANG J Y, HAN J W, 2015. Entity linking with a knowledge base: Issues, techniques, and solutions[J]. IEEE transactions on knowledge and data engineering, 27(2): 443-460.

ZHANG D, LEE W S, 2003. A web 2 based question answering system[C]. Proceedings of the SMA Annual Symposium, Singapore: 151-156.

ZHANG Y, LIU K, HE S, et al, 2016. Question answering over knowledge base with neural attention combining global knowledge information[J]. arXiv: 1606.00979.

ZHENG S C，HAO Y X，LU D Y, et al, 2007. Joint entity and relation extraction based on a hybrid neural network[J]. Neurocomputing, 257（27): 59-66.